베스트
BEST
중국어

1

베스트 BEST 중국어 ①

초판인쇄	2023년 2월 20일
초판발행	2023년 3월 10일

저자	최재영, 임미나, 안연진
편집	가석빈, 최미진, 엄수연, 高霞
펴낸이	엄태상
디자인	진지화
조판	이서영
콘텐츠 제작	김선웅, 장형진
마케팅본부	이승욱, 왕성석, 노원준, 조성민, 이선민
경영기획	조성근, 최성훈, 정다운, 김다미, 최수진, 오희연
물류	정종진, 윤덕현, 신승진, 구윤주

펴낸곳	시사중국어사(시사북스)
주소	서울시 종로구 자하문로 300 시사빌딩
주문 및 문의	1588-1582
팩스	0502-989-9592
홈페이지	http://www.sisabooks.com
이메일	book_chinese@sisadream.com
등록일자	1988년 2월 12일
등록번호	제300 - 2014 - 89호

ISBN 979-11-5720-225-6 14720
    979-11-5720-206-5 (set)

머리말

1990년대 이후 중국의 경제적 부상과 더불어 국내에서도 중국에 대한 관심과 중국어를 배우고자 하는 열기가 크게 일었고 중국어 교재 시장도 괄목할 만한 성장을 거두었다. 이와 함께 중국어 학습이 전공자에 국한되지 않고 다양한 학습 동기와 목적에 따라 대중화됨에 따라 교재의 내용과 수준도 매우 다양해졌다. 그러나 지금까지 국내 중국어 교재 시장은 실제 중국인과 대화를 나눌 수 있는 의사소통 기능에 초점을 맞춘 회화 교재가 주를 이루고 있기 때문에, 중국어 학습자를 위한 종합적인 성격의 교재를 찾기는 쉽지 않은 편이다.

집필진은 문법과 독해 실력을 종합적으로 배양할 수 있는 전공 중국어 교재의 필요성에 공감하고, 오랜 시간 심도 있는 논의와 정리 그리고 퇴고를 거쳐 본 도서를 집필하였다. 다음은 본 도서의 특징이다.

1. 상황을 통한 문형과 대화 연습을 통해 중국어 회화 표현력과 의사소통 능력을 효과적으로 배양하도록 하였다.

2. 본문 독해의 주제와 내용을 다양화하고 주요 문법 포인트와 표현을 반복적으로 활용하여 학습이 유기적으로 연결되도록 하였다. 또한 독해문의 형식 역시 다양하게 제시하여 학습에 도움이 되도록 하였다.

3. 꼼꼼하고 체계적인 문법 설명을 앞서 배운 주요 예문과 함께 제시하여, 학습한 내용이 유기적으로 연결되고 나선형으로 심화될 수 있도록 하였다.

4. 어떤 언어를 이해하려면 그 언어를 사용하는 사람들의 사고방식이 반영된 문화적 특성도 함께 이해할 필요가 있다. 이런 점을 고려하여 중국 문화 소개 코너를 배치하여 개별적이고 구체적인 문화 항목을 다루었다.

5. 배우고 익힌 내용은 복습을 통해 더욱 기억에 오래 남고 또 그것을 적절하게 사용할 수 있게 된다. 이에 제7과와 제14과에 복습과를 두 번 배치하여 학습한 내용을 확실히 이해하고 자신의 것으로 소화할 수 있도록 하였다.

현재 많은 학습자가 회화 위주의 중국어 학습을 선호하지만, 문형-독해-문법에 대한 이해 없이 중고급 단계로 도약하기란 쉽지 않다. 모쪼록 본서가 중국어 실력 향상을 목표로 하는 학습자에게 'BEST' 최고의 선택이 되길 바란다.

마지막으로 출판 시장이 어려운 지금 흔쾌히 본서의 기획과 출판을 함께해 준 시사중국어사와 여러 차례의 수정 요청에도 늘 성심으로 응대해 준 편집자에게 진심 어린 감사의 마음을 전한다.

旺山 守愚斋에서 저자 일동

목차

학습 목표와 내용

과	학습 목표	주요 표현	학습 내용
1	① 중국어에 대해 이해하기 ② 성모, 단운모, 성조 이해하기 ③ 대상과 상황에 따라 인사하기	· 你好! · 您好! · 再见!	· 중국어와 표준어, 简体字, 汉语拼音, 음절 구조 · 성모와 단운모 및 성모와 단운모의 결합 · 성조와 표기법 · 인사 표현 중국 문화 简体字
2	① 복운모 이해하기 ② 汉语拼音 표기 규칙 이해하기 ③ 신분 묻고 답하기	· 我是学生。 · 我们是学生。 · 她不是老师。 · 您是老师吗? · 这是我妈妈。	· 복운모, 성모와 복운모의 결합 · 汉语拼音 표기 규칙 · 중국어 어순과 문장성분 · 판단 동사 '是'와 '是'구문 · 인칭대체사 · 가족 호칭 · '吗'를 사용한 의문문 중국 문화 汉语拼音
3	① 경성과 성조 변화 이해하기 ② 이름 묻고 답하기 ③ 중국어 기본 문장 이해하기 ④ 안부 묻고 답하기	· 你叫什么名字? · 我叫朴智敏。 · 你学习什么? · 我学习汉语。 · 我很忙。 · 我身体很好。	· 경성, 성조 변화 · 의문대체사 '什么' · 동사서술어문, 형용사서술어문, 주술서술어문 · 어기조사 '呢' 중국 문화 성씨(姓氏)
4	① 儿化와 隔音符号 이해하기 ② 위치 설명하기 ③ 문장 종류별 부정 형식 이해하고 표현하기 ④ 범위, 빈도를 나타내는 부사 이해하기	· 你在哪儿? · 他也去学校。 · 我们都做作业。 · 汉语不太难。 · 你工作忙吗?	· 儿化, 隔音符号 · 의문대체사 '哪儿' · 동사서술어문, 형용사서술어문, 주술서술어문의 부정 형식 · 부사 '都'와 '也' 중국 문화 北京 5대 명소

5	① 소유의 긍정과 부정 표현하기 ② 긍정과 부정을 모두 기대할 수 있는 의문 표현하기	• 我有一个手机。 • 我买这(一)本书。 • 我没有笔记本电脑。 • 你去不去图书馆? • 这本书不是我的，是我朋友的。	• 소유 동사 '有'와 '有'구문 및 '有'구문의 부정 형식 • 명량사 • 수사 '两'과 '二' • 의문대체사 '哪' • 긍정부정의문문 • '的'자구 중국 문화 스마트 시대, 스마트 라이프
6	① 국적 묻고 답하기 ② 장소와 위치 설명하기 ③ 병렬관계 나타내기 ④ 동작의 시도 표현하기	• 他是谁? • 你是哪国人? • 我们在教室上课。 • 我买一支笔和一个本子。 • 请你介绍一下。	• 의문대체사 '谁' • 전치사 '在' • 전치사 '在'와 동사 '在'의 비교 • 접속사 '和' • 수량사 '一下' 중국 문화 외래어 표기
7	복습 (제1~6과)		
8	① 가족 수, 가족 상황 묻고 답하기 ② 나이 묻고 답하기 ③ 직업 묻고 답하기	• 你家有几口人? • 你今年多大? • 他在哪儿工作? • 她做什么工作? • 这是谁的手机?	• 의문대체사 '几'와 '什么' • '多+형용사' 의문문 • 관형어와 구조조사 '的' 중국 문화 인구정책과 세대
9	① 연달아 발생한 동작 표현하기 ② 좋아하는 것을 묻고 답하기 ③ 둘 중 하나를 선택하는 질문하기	• 我去朋友家玩儿。 • 我今天下午去我妹妹那儿。 • 你喜欢看什么? • 你学习汉语还是日语? • 我早上喝咖啡或者茶。	• 특수구문 '연동문' • 시간 부사어 • 지시대체사 '这儿/这里', '那儿/那里'와 보통명사의 장소화 • 접속사 '还是'와 '或者' 중국 문화 차와 커피

이 책의 구성

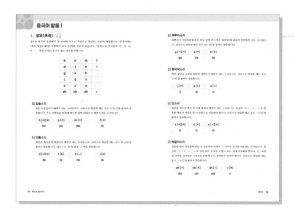

중국어 발음

제1~4과에서는 중국어 발음을 학습합니다.
중국어 소개, 중국어 한자, 汉语拼音에 대해
자세히 학습합니다.

문형 학습

본 과의 주요 문형에 단어 및 구를 교체하여
다양한 문장으로 응용하며
말하기를 연습합니다.

회화&독해

등장 인물들의 이야기로 구성된
중국어 일상 회화와 일기, 소개 등의 독해문을
학습합니다.

문법 학습

회화&독해 속 중국어 문장의
주요 문법을 학습합니다.

연습 문제

본 과에서 학습한 내용을 듣기, 쓰기의
문제 형식으로 복습합니다.

중국 문화

중국 전통 문화와 현대 중국의
다양한 생활 문화를 소개합니다.

복습

앞에서 학습한 6개 과의
단어, 문장, 주요 표현을 복습합니다.

등장인물

박지민
朴智敏 Piáo Zhìmǐn
한국 유학생

김윤서
金允瑞 Jīn Yǔnruì
한국 유학생

톰 그랜트
汤姆·格兰特 Tāngmǔ Gélántè
미국 유학생 •박지민의 룸메이트

스즈키 소노코
铃木园子 Língmù Yuánzǐ
일본 유학생 •김윤서의 룸메이트

후안 카를로스
胡安·卡洛斯 Hú'ān Kǎluòsī
스페인 유학생

왕밍
王明 Wáng Míng
중국 학생

장옌
张燕 Zhāng Yàn
중국 학생

리우 선생님
刘老师 Liú lǎoshī
중국 선생님

제1과

你好!
안녕하세요!

❨학습 목표❩

❶ 중국어에 대해 이해하기

❷ 성모, 단운모, 성조 이해하기

❸ 대상과 상황에 따라 인사하기

중국어 기초 알기

1. 중국어와 표준어

흔히 말하는 중국어를 중국 내에서는 '汉语 Hànyǔ'라고 부릅니다. '汉语'란 '汉族 Hànzú의 언어'
라는 뜻으로, 표준중국어와 중국 각 지역의 방언들도 모두 포함될 수 있지만, 보통 표준중국어를
지칭하는 의미로 사용합니다. 표준중국어의 정확한 명칭은 '普通话 Pǔtōnghuà'라고 하는데요,
'普通话'는 北京 Běijīng 지역의 발음을 표준음으로 하고 북방방언의 어휘를 기초로 하며 전형적
인 현대 구어체로 쓰인 작품의 문장을 문법적 기준으로 하여 정해졌습니다. 이런 '普通话'라는
명칭은 각 지역의 방언과 구별하여 지칭할 경우에 사용하며, 바로 우리가 배우는 중국어를 말합
니다.

중국어 → 汉语

표준어 → 普通话

2. 简体字 jiǎntǐzì

우리나라나 대만에서는 정자 '繁体字 fántǐzì'를 쓰지만, 중국에서는 한자를 쉽게 배우고 익힐 수
있도록 정자를 간략하게 만든 '简体字 jiǎntǐzì'를 씁니다.

漢語 → 汉语

'简体字'는 1960년대부터 보급이 시작되었기 때문에 지금의 중국인들, 특히 '简体字'로 교육을
받아온 젊은 세대들은 '简体字'에 익숙하여 '繁体字'를 잘 알지 못하는 경우가 있습니다. 우리는
그 반대로 '繁体字'에 좀 더 익숙한 편이지요. 이제 우리의 한자와 현재 중국에서 쓰는 한자의 차
이를 이해하셨나요?

3. 汉语拼音 Hànyǔ Pīnyīn

중국어는 뜻글자인 한자를 쓰기 때문에 글자 자체만으로는 소리를 나타낼 수가 없습니다. 그래서 현재 중국에서는 영어의 알파벳을 사용하여 중국어의 발음을 표기하는데, 이러한 발음 표기 방법을 '汉语拼音 Hànyǔ Pīnyīn'이라고 합니다.

好 hao

'汉语拼音'은 알파벳을 사용하지만 영어의 발음과 다른 부분이 있어 발음에 주의해야 합니다.

01-01   ca   ge   ju   le   qi   si

4. 중국어의 음절 구조

중국어는 대부분 하나의 한자에 1개 음절이 존재합니다. 중국어의 음절은 성모, 운모, 성조로 이루어져 있습니다.

확민 학습	1. 다음 한자는 우리가 배운 정자와 모양이 다른 한자들입니다. 어떤 한자일까요?
	① 书　　　② 门　　　③ 长　　　④ 乐　　　⑤ 车

중국어 발음 1

1. 성모(声母) 🎧 01-02

성모는 중국어 음절에서 첫 머리에 나오는 자음으로 한글의 '초성'에 해당합니다. 중국어에는 1개의 영성모(∅)를 포함하여 모두 22개의 성모가 있습니다. '영성모'란 우리말의 '아, 야, 어, 여 ······ '처럼 초성의 음가가 없는 경우를 말합니다.

b	p	m	f
d	t	n	l
g	k	h	
j	q	x	
z	c	s	
zh	ch	sh	r

1 입술소리

입을 다물었다가 떼면서 내는 소리입니다. 단독으로 발음할 때는 운모 'o[오어]'를 붙여서 발음합니다. 'f'는 아랫입술 안쪽에 윗니를 살짝 대었다가 떼면서 내는 소리입니다.

b [ㅂ][ㅃ]	p [ㅍ]	m [ㅁ]	f [ㅍ]
bo	po	mo	fo

2 잇몸소리

혀끝을 윗잇몸에 대었다가 떼면서 내는 소리입니다. 단독으로 발음할 때는 운모 'e[으어]'를 붙여서 발음합니다. 성모 'l'은 '를'의 종성 'ㄹ'처럼 발음합니다.

d [ㄷ][ㄸ]	t [ㅌ]	n [ㄴ]	l [ㄹ]
de	te	ne	le

③ 혀뿌리소리

혀뿌리가 여린입천장(목젖 바로 앞의 부드러운 입천장)에 닿을락 말락하며 나는 소리입니다. 단독으로 발음할 때는 운모 'e[ㅇ어]'를 붙여서 발음합니다.

g [ㄱ][ㄲ]	k [ㅋ]	h [ㅎ]
ge	ke	he

④ 혓바닥소리

혀의 앞면을 입천장 앞쪽에 대었다가 떼면서 내는 소리입니다. 단독으로 발음할 때는 운모 'i[이]'를 붙여서 발음합니다.

j [ㅈ]	q [ㅊ]	x [ㅅ]
ji	qi	xi

⑤ 잇소리

혀끝을 윗니의 뿌리 쪽 뒤에 붙였다 떼면서 내는 소리입니다. 한글의 'ㅉ/ㅈ', 'ㅊ', 'ㅆ'을 발음할 때보다 혀끝을 좀 더 앞쪽으로 이동해야 합니다. 단독으로 발음할 때는 운모 'ᅳi[으]'를 붙여서 발음합니다.

z [ㅈ][ㅉ]	c [ㅊ]	s [ㅅ][ㅆ]
zi	ci	si

⑥ 혀말이소리

혀끝을 말아 입천장에 닿을 듯 말듯하게 하면서 그 사이로 공기를 내보내는 소리입니다. 한글의 'ㅈ', 'ㅊ', 'ㅅ', 'ㄹ'과 달리 혀가 숟가락 모양이 되는 것에 주의해야 합니다. 단, 혀의 양 측면은 입천장의 가장자리 부분에 모두 밀착되어 있어야 합니다. 단독으로 발음할 때는 운모 'ᅳi[으]'를 붙여서 발음합니다.

zh [ㅈ]	ch [ㅊ]	sh [ㅅ]	r [ㄹ]
zhi	chi	shi	ri

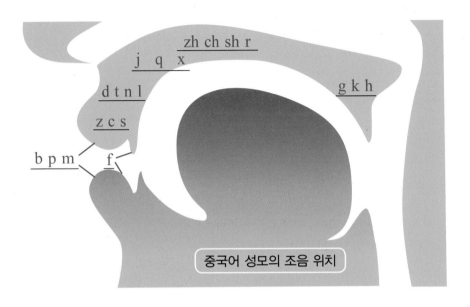

zh ch sh r

j q x

d t n l

z c s

b p m   f

g k h

중국어 성모의 조음 위치

2. 운모(韵母)(1) 🎧 01-03

운모는 '성모'를 제외한 나머지 부분으로, 한글의 '중성과 종성'에 해당합니다. 운모는 하나의 모음만으로 구성된 것도 있고, 2~3개의 모음이 합쳐진 것도 있으며, 모음과 종성 자음(n, ng)으로 이루어진 것도 있습니다. 이밖에도 특수운모인 권설운모가 있습니다. 우선 모음 가운데 가장 기본이 되는 하나의 모음으로 구성된 단운모를 살펴봅시다.

a [아]	o [오어]	e [으어]	i [이]	u [우]	ü [위]
ma	bo	de	ji	mu	nü

'ü'는 입을 오므리고 앞으로 내밀어 '위'라고 발음합니다. 'ü' 역시 단운모이므로 입 모양을 펴지 말고 끝까지 유지하는 것이 중요합니다. 'z, c, s, zh, ch, sh, r' 뒤에 오는 '-i'는 [으]로 발음합니다.

3. 성조(声调) 🎧 01-04

성조란 음의 높낮이를 말합니다. 같은 소리라 해도 성조가 다르면 뜻이 달라지기 때문에 중국어에서 성조는 매우 중요한 발음 요소입니다. 다음 중국어의 4가지 기본 성조를 익혀보세요.

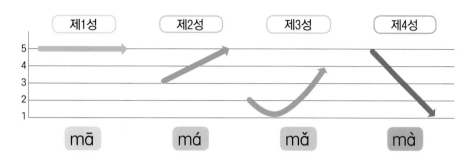

최근 연구에 따르면, 제3성은 실제 언어 환경에서 가장 낮은 음으로 내리기만 하고 끝을 올리지 않는 경우가 많습니다. 이렇게 끝을 올리지 않는 3성을 '반3성'이라고 합니다. 이밖에도 제3성을 단독으로 발화하거나 제3성이 단어의 마지막 음절 또는 문장 끝에 올 경우에도 '2-1-2' 정도로 발음합니다. 즉, 실제 언어 환경에서는 제3성을 기존에 알려진 성조값인 '2-1-4'로 발음하는 경우가 거의 없습니다. 제3성의 특징은 '상승음'이 아닌 '낮은 하강'과 '낮은 음'임에 주의하도록 합니다.

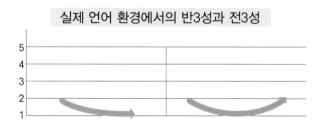

실제 언어 환경에서의 반3성과 전3성

성조 부호는 주요 모음(a, o, e, i, u, ü) 위에 표기합니다. 주요 모음이란 한 음절에서 발음할 때 입이 가장 크게 벌어지고 오랫동안 발음되는 모음을 말합니다. 성조는 'a 〉o, e 〉i, u, ü'의 순으로 표기하며, 모음이 'iu'이거나 'ui'일 때는 두 번째 모음 위에 표기합니다. 'i' 위에 성조 부호를 표시할 경우에는 'i'의 점은 떼어내고 표기합니다.

▶ hao ➡ hǎo   ▶ dou ➡ dōu   ▶ pei ➡ péi   ▶ jiao ➡ jiào

▶ ni ➡ nǐ   ▶ liu ➡ liù   ▶ hui ➡ huí   ▶ lüe ➡ lüè

발음1 확인 학습

01-05

1. 다음은 영어처럼 발음하기 쉬운 汉语拼音입니다. 정확하게 발음해 보세요.

① ca   ② ge   ③ ju

④ qi   ⑤ si

2. 다음 汉语拼音을 보고 성모와 운모를 구분해 보세요.

① shi   ② ta   ③ che

④ mo   ⑤ zhu

문형 ❶

你好! Nǐ hǎo! 안녕!

01-06

您 Nín	당신(존칭)
早上 Zǎoshang	아침
晚上 Wǎnshang	저녁, 밤

Ⓐ **你好!** 안녕!
Nǐ hǎo!

你好! 안녕! Ⓑ
Nǐ hǎo!

문형 ❷

再见! Zàijiàn! 또 보자!

01-07

明天 Míngtiān	내일
早上 Zǎoshang	아침
晚上 Wǎnshang	저녁, 밤

Ⓐ **再见!** 또보자!
Zàijiàn!

再见! 안녕, 잘 가! Ⓑ
Zàijiàn!

你 nǐ 대 너, 당신 | 好 hǎo 형 좋다 | 您 nín 대 당신 '你'를 높여 부르는 말 | 早上 zǎoshang 명 아침 | 晚上 wǎnshang 명 저녁, 밤 | 再见 zàijiàn 안녕, 또 만나요 헤어질 때 인사말 | 再 zài 부 다시, 또, 재차 | 见 jiàn 동 만나다, 보다 | 明天 míngtiān 명 내일

회화1  🎧 01-08

朴智敏 你好!
Nǐ hǎo!

汤姆 你好!
Nǐ hǎo!

회화2 🎧 01-09

刘老师 你好!
Nǐ hǎo!

汤姆 您好!
Nín hǎo!

회화3 🎧 01-10

刘老师 大家好!
Dàjiā hǎo!

学生们 老师好!
Lǎoshī hǎo!

회화4 🎧 01-11

刘老师 明天见!
Míngtiān jiàn!

学生们 明天见!
Míngtiān jiàn!

朴智敏 Piáo Zhìmǐn 고유 박지민 | **汤姆** Tāngmǔ 고유 톰 | **刘** Liú 고유 리우 성 | **老师** lǎoshī 명 선생님 | **大家** dàjiā 대 모두, 여러분 | **学生** xuésheng 명 학생 | **们** men 접 ~들 복수를 나타냄

03 문법 학습

1. 인사하기

'你好！'는 누군가를 만났을 때 나누는 가장 일상적인 인사말입니다. 처음 만난 사람에게도 쓸 수 있고 알고 지내는 사람에게도 쓸 수 있습니다. 만약 상대방이 연배가 높거나 공손하고 정중하게 대해야 할 때는 '你'의 존칭인 '您'을 사용하여 '您好！'라고 인사할 수 있습니다.

'여러분, 안녕하세요!', '선생님, 안녕하세요!'와 같이 대상을 달리하여 인사를 나눌 수도 있고, '좋은 아침입니다!', '내일 만나!'와 같이 시간대를 달리하여 인사를 나눌 수도 있습니다.

① 대상 + 好！

▶ 你好！ 안녕!
Nǐ hǎo!

▶ 您好！ 안녕하세요!
Nín hǎo!

▶ 大家好！ 여러분, 안녕하세요!
Dàjiā hǎo!

▶ 老师好！ 선생님, 안녕하세요!
Lǎoshī hǎo!

② 시간 + 好！

▶ 早上好！ 안녕하세요! [아침인사]
Zǎoshang hǎo!

▶ 早晨好！ 안녕하세요! [아침인사]
Zǎochen hǎo!

▶ 中午好！ 안녕하세요! [점심인사]
Zhōngwǔ hǎo!

▶ 晚上好！ 안녕하세요! [저녁인사]
Wǎnshang hǎo!

아침 인사는 두 가지 인사말 중 '早上好！'를 '早晨好！'보다 더 일반적으로 사용합니다. 이밖에도 간단히 '早！'라고만 하거나 '你早！ / 您早！ / 早安！'이라고 말하기도 합니다. 이 중 '早安！'은 번역 작품에서 주로 사용합니다. 잠자기 전에 '안녕히 주무세요!', '잘 자!'라고 하는 인사말은 '晚安！'을 사용합니다.

③ 시간 + 见！

▶ 晚上见！ 저녁에 봐요!
Wǎnshang jiàn!

▶ 明天见！ 내일 봐요!
Míngtiān jiàn!

헤어질 때 하는 인사말 '再见！'은 '다시', '또'라는 의미의 '再'와 '만나다'라는 의미의 '见'이 결합한 인사말인데, '再' 자리에 시간을 나타내는 말을 넣어 상황에 맞는 다양한 인사 표현을 할 수 있습니다.

早晨 zǎochen 명 아침 | **中午** zhōngwǔ 명 점심, 정오 | **早** zǎo 명 아침 형 (시간이) 이르다, 안녕? 안녕하세요? 아침 인사말 | **早安** zǎo'ān 잘 잤니?, 안녕히 주무셨습니까? 아침 인사말 | **晚安** wǎn'ān 잘 자, 안녕히 주무세요 밤에 잠자기 전에 하는 인사말

연습 문제

1. 성모의 차이에 유의하여 발음해 보세요. 01-12

   (1) bā / pā   (2) bó / fó   (3) pó / fó   (4) dù / tù   (5) nǔ / lǔ

   (6) gǔ / kǔ   (7) ké / hé   (8) gù / hù   (9) rè / lè   (10) rú / lú

2. 운모의 차이에 유의하여 발음해 보세요. 01-13

   (1) jī / zhī   (2) qí / chí   (3) jǔ / zhǔ   (4) qù / chù   (5) rì / lì

3. 음절 간 연결에 유의하여 발음해 보세요. 01-14

   (1) qìchē   (2) hūxī   (3) zìjǐ   (4) rìjì   (5) jìzhě

   (6) dǎdī   (7) dúshū   (8) lǜsè   (9) nǔlì   (10) pífū

4. 'i'의 발음이 <u>다른</u> 하나를 고르세요. 01-15

   (1) si   (2) shi   (3) ri   (4) xi   (5) chi

5. 녹음을 듣고 성조 표기가 <u>틀린</u> 것을 고르세요. 01-16

   (1) bù   (2) chǎ   (3) hē   (4) jī   (5) kù

중국 문화

简体字 jiǎntǐzì

✦ 简体字란?

简体字는 복잡한 한자의 모양이나 획수를 간단하게 줄여서 만든 글자로 중국에서는 '简化字 jiǎnhuàzì'라는 용어를 더 많이 쓴다. 이에 대비되는 개념으로 한자의 원래 획수를 그대로 사용하는 글자를 '繁体字 fántǐzì'라고 한다. 1935년 중화민국 정부가 민간에서 쓰던 속자, 행서자, 초서자, 이체자 등을 응용하여 처음으로 简体字 목록을 만들었다. 이후 현재의 중국 문자 개혁위원회가 1956년에 汉字简化方案 Hànzì Jiǎnhuà Fāng'àn 을 제정하고 1964년에 简化字 总表 jiǎnhuàzì zǒngbiǎo 를 반포함으로써 기본적인 简体字 목록이 완성되었다. 简体字 사용의 가장 큰 목적은 문맹률을 낮추는 것이었는데, 사회가 발전하고 개인의 인권과 교육이 중시되면서 기존의 한자는 문맹률을 낮추기에 적합하지 않다고 판단한 것이다. 현재 중국 대륙에서는 简体字를 사용하고 있으나, 대만이나 홍콩 등은 繁体字를 주로 사용한다. 그 밖의 해외 국가에서는 중국어 교육이 보편화되면서 简体字의 사용 비중이 점차 높아지고 있다.

✦ 简体字의 장단점

简体字의 가장 큰 장점은 역시 쓰기 편하다는 것이다. 필획이 크게 줄어들기 때문에 쓰기에 복잡하지 않고 그만큼 시간도 줄어든다. 예컨대 '겨우'라는 뜻의 简体字 '才'는 3획이면 쓸 수 있지만, 이 글자의 繁体字 '纔'는 23획이나 된다. 이처럼 简体字는 쓰기에 편하고 보기에도 간단하기 때문에 교육에도 매우 효과적이다.

그러나 简体字는 한자의 모양을 변형시킨 만큼 단점 또한 적지 않다. 먼저 繁体字의 조형미와 한자의 생성 원리를 훼손한다는 것이다. 예컨대, 繁体字 '進'은 '가다'는 의미의 '走(辶)'와 앞으로만 날아가는 새를 의미하는 '隹'가 모여 '나아가다'의 뜻이 되었는데, 简体字 '进'에서는 이러한 원리를 찾을 수 없다. 그리고 동음의 简体字는 의미가 헷갈릴 수 있다. 예컨대, '구름'을 의미하는 '雲'의 简体字는 '말하다'는 의미의 '云'과 모양이 같고, '느슨하다'의 의미인 '鬆'의 简体字는 '소나무'를 의미하는 '松'과 같아 서로 혼동할 수 있다.

✦ 简体字 만드는 방법

简体字는 기존의 한자를 보기 편하고 쓰기 쉽게 만든 글자이기 때문에 원래 한자(繁体字)의 모양과 비슷한 경우가 대부분이다. 그러나 같은 발음의 다른 한자를 차용하거나 고대 한자를 사용한 경우에는 모양이 완전히 달라지기도 한다.

원래 한자의 일부를 사용	習 → 习	雲 → 云	號 → 号
고대에 사용하던 한자를 가져와 사용	學 → 学	見 → 见	萬 → 万
획순이 적은 민간의 속자를 사용	麗 → 丽	區 → 区	遠 → 远
같은 음의 획수가 적은 한자를 사용	纔 → 才	後 → 后	乾 → 干
행서체나 초서체를 사용	東 → 东	魚 → 鱼	龍 → 龙

你是学生吗?

당신은 학생입니까?

〈학습 목표〉

❶ 복운모 이해하기

❷ 汉语拼音 표기 규칙 이해하기

❸ 신분 묻고 답하기

중국어 발음 2

1. 운모(韵母)(2) 🎧 02-01

복운모에는 2~3개의 모음이 합쳐진 것, 모음과 종성 자음이 합쳐진 것이 있습니다. 이 외에도 특수운모인 권설운모가 있습니다.

	i	u	ü
a	ia	ua	
o		uo	
e	ie		üe
ai		uai	
ei		uei(ui)	
ao	iao		
ou	iou(iu)		
an	ian	uan	üan
en	in	uen(un)	ün
ang	iang	uang	
eng	ing	ueng	
ong	iong		
er			

> **tip** 'in', 'un', 'ing'은 'e'를 표기하지 않고, 발음하지도 않으므로 주의하세요.

◘ 2개의 모음으로 구성된 운모

ai [아이]	ei [에이]	ao [아오]	ou [어우]
kāi	méi	hǎo	gòu

ia [이아]	ie [이에]	ua [우아]	uo [우어]	üe [위에]
jiā	bié	shuā	zuǒ	xuè

2 3개의 모음으로 구성된 운모

iao [이아오]	iou(iu) [이어우] [이우]	uai [우아이]	uei(ui) [우에이] [우이]
piāo	yǒu, niú	shuǎi	wéi, duì

3 모음과 종성 자음으로 구성된 운모

an [안]	en [언]	ang [앙]	eng [엉]	ong [옹] [웅]
sān	rén	tǎng	chéng	zhòng

ian [이앤]	in [인]	iang [이앙]	ing [잉]	iong [이옹]
tiān	nín	xiǎng	lìng	qióng

uan [우안]	uen(un) [우언] [운]	uang [우앙]	ueng [우엉]
duàn	wèn, lún	guǎng	wēng

üan [위앤]	ün [윈]
quán	jūn

tip 진한 색상의 칸에 있는 汉语拼音은 틀리기 쉬운 발음이므로 주의하세요.

4 권설운모

er [얼]
èr

발음 2-1 확민 학습

🎧 02-02

1. 다음 汉语拼音을 발음해 보세요.
　① duō　　　　　　② lüè　　　　　　③ guǎi
　④ wèn　　　　　　⑤ qióng

2. 녹음을 듣고 알맞은 운모를 써 보세요.
　① r____n____　　　② x____x____　　　③ ____t____
　④ _____　　⑤ f____b____

2. 汉语拼音 표기 규칙

① 'i + 기타운모'로 시작하는 음절인 경우 'i'를 'y'로 바꾸어 표기합니다. 단 음절 중 'i'만 있을 때는 'i' 앞에 'y'를 더해 'yi'로 표기합니다.

- ia ➡ ya
- ie ➡ ye
- iao ➡ yao
- iou ➡ you
- ian ➡ yan
- iang ➡ yang
- iong ➡ yong
- i ➡ yi
- in ➡ yin
- ing ➡ ying

② 'u + 기타운모'로 시작하는 음절인 경우 'u'를 'w'로 바꾸어 표기합니다. 단 음절 중 'u'만 있으면 'u' 앞에 'w'를 더해 'wu'로 표기합니다.

- ua ➡ wa
- uo ➡ wo
- uai ➡ wai
- uei ➡ wei
- uan ➡ wan
- uen ➡ wen
- uang ➡ wang
- ueng ➡ weng
- u ➡ wu

③ 'ü'로 시작하는 음절은 'ü' 앞에 'y'를 더하고 'ü' 위의 두 점을 삭제하고 표기합니다. 단 발음은 그대로 'ü'로 합니다.

- ü ➡ yu
- üe ➡ yue
- üan ➡ yuan
- ün ➡ yun

'ü'나 'ü'로 시작하는 운모가 성모 'n', 'l'과 결합할 때는 'ü'로 표기하고, 성모 'j', 'q', 'x'와 결합할 때는 'ü' 위의 두 점을 삭제하고 표기합니다. 단 발음은 그대로 'ü'로 합니다.

- nü
- lü
- jü ➡ ju
- qüe ➡ que
- xüan ➡ xuan

④ 'iou', 'uei', 'uen'이 성모와 결합할 때는 'iu', 'ui', 'un'으로 표기합니다. 이 경우 생략된 'o'와 'e'의 발음은 거의 하지 않습니다.

- niou ➡ niu
- duei ➡ dui
- kuen ➡ kun

⑤ 汉语拼音은 알파벳 소문자로 표기하며 하나의 단어는 모두 붙여서 표기합니다. 단 문장의 첫 음절이나, 고유명사의 첫 음절은 알파벳 대문자로 표기합니다. 한자는 띄어쓰기를 하지 않지만 汉语拼音은 단어 별로 띄어쓰기를 해야 합니다.

▶我 wǒ   ▶学习 xuéxí   ▶汉语 Hànyǔ

▶我学习汉语。 Wǒ xuéxí Hànyǔ.

발음 2-2 확인 학습

1. 다음 汉语拼音을 표기 규칙에 맞게 써 보세요.
   ① ī   ② uǒ   ③ ǔ
   ④ qǜ   ⑤ ueì

2. 汉语拼音 표기 규칙에 맞지 <u>않는</u> 것을 찾아 보세요.
   ① yǒu   ② huàn   ③ kuèn
   ④ nüè   ⑤ xuǎn

3. 중국어 음절표

	a	o	e	-i	er	ai	ei	ao	ou	an	en	ang	eng	ong	i	ia	iao	ie
b	ba	bo				bai	bei	bao		ban	ben	bang	beng		bi		biao	bie
p	pa	po				pai	pei	pao	pou	pan	pen	pang	peng		pi		piao	pie
m	ma	mo	me			mai	mei	mao	mou	man	men	mang	meng		mi		miao	mie
f	fa	fo					fei		fou	fan	fen	fang	feng					
d	da		de			dai	dei	dao	dou	dan	den	dang	deng	dong	di		diao	die
t	ta		te			tai		tao	tou	tan		tang	teng	tong	ti		tiao	tie
n	na		ne			nai	nei	nao	nou	nan	nen	nang	neng	nong	ni		niao	nie
l	la		le			lai	lei	lao	lou	lan		lang	leng	long	li	lia	liao	lie
g	ga		ge			gai	gei	gao	gou	gan	gen	gang	geng	gong				
k	ka		ke			kai	kei	kao	kou	kan	ken	kang	keng	kong				
h	ha		he			hai	hei	hao	hou	han	hen	hang	heng	hong				
j															ji	jia	jiao	jie
q															qi	qia	qiao	qie
x															xi	xia	xiao	xie
zh	zha		zhe	zhi		zhai	zhei	zhao	zhou	zhan	zhen	zhang	zheng	zhong				
ch	cha		che	chi		chai		chao	chou	chan	chen	chang	cheng	chong				
sh	sha		she	shi		shai	shei	shao	shou	shan	shen	shang	sheng					
r			re	ri				rao	rou	ran	ren	rang	reng	rong				
z	za		ze	zi		zai	zei	zao	zou	zan	zen	zang	zeng	zong				
c	ca		ce	ci		cai		cao	cou	can	cen	cang	ceng	cong				
s	sa		se	si		sai		sao	sou	san	sen	sang	seng	song				
	a	o	e		er	ai	ei	ao	ou	an	en	ang	eng		yi	ya	yao	ye

iou	ian	in	iang	ing	iong	u	ua	uo	uai	uei	uan	uen	uang	ueng	ü	üe	üan	ün
	bian	bin		bing		bu												
	pian	pin		ping		pu												
miu	mian	min		ming		mu												
						fu												
diu	dian			ding		du		duo		dui	duan	dun						
	tian			ting		tu		tuo		tui	tuan	tun						
niu	nian	nin	niang	ning		nu		nuo			nuan				nü	nüe		
liu	lian	lin	liang	ling		lu		luo			luan	lun			lü	lüe		
						gu	gua	guo	guai	gui	guan	gun	guang					
						ku	kua	kuo	kuai	kui	kuan	kun	kuang					
						hu	hua	huo	huai	hui	huan	hun	huang					
jiu	jian	jin	jiang	jing	jiong										ju	jue	juan	jun
qiu	qian	qin	qiang	qing	qiong										qu	que	quan	qun
xiu	xian	xin	xiang	xing	xiong										xu	xue	xuan	xun
						zhu	zhua	zhuo	zhuai	zhui	zhuan	zhun	zhuang					
						chu	chua	chuo	chuai	chui	chuan	chun	chuang					
						shu	shua	shuo	shuai	shui	shuan	shun	shuang					
						ru		ruo		rui	ruan	run						
						zu		zuo		zui	zuan	zun						
						cu		cuo		cui	cuan	cun						
						su		suo		sui	suan	sun						
you	,yan	yin	yang	ying	yong	wu	wa	wo	wai	wei	wan	wen	wang	weng	yu	yue	yuan	yun

• 가장 아래의 음절은 단독으로 쓰일 때의 표기입니다.
• 감탄사에 나타나는 특수한 음절(ng, hm, hng 등)은 생략하였습니다.

我是学生。 나는 학생입니다.
Wǒ shì xuésheng.
02-03

我们 Wǒmen   우리

他们 Tāmen   그들

我弟弟 Wǒ dìdi   내 남동생

我妹妹 Wǒ mèimei   내 여동생

A 你是学生吗? 너는 학생이니?
Nǐ shì xuésheng ma?

B 我是学生。 나는 학생이야.
Wǒ shì xuésheng.

她不是老师。 그녀는 선생님이 아닙니다.
Tā bú shì lǎoshī.
02-04

我爸爸 Wǒ bàba   우리 아빠

我妈妈 Wǒ māma   우리 엄마

我哥哥 Wǒ gēge   우리 형(오빠)

她姐姐 Tā jiějie   그녀의 언니

A 她是老师吗? 그녀는 선생님이니?
Tā shì lǎoshī ma?

B 她不是老师。 그녀는 선생님이 아니야.
Tā bú shì lǎoshī.

我 wǒ 대 나 | 是 shì 동 ~이다 | 我们 wǒmen 대 우리 | 他们 tāmen 대 그들, 그(저) 사람들 | 弟弟 dìdi 명 남동생 | 妹妹 mèimei 명 여동생 | 你们 nǐmen 대 너희들 | 吗 ma 조 ~입니까?, ~합니까? 의문을 나타냄 | 她 tā 대 그녀 | 不 bù 부 않다, 아니다 | 爸爸 bàba 명 아빠, 아버지 | 妈妈 māma 명 엄마, 어머니 | 哥哥 gēge 명 형, 오빠 | 姐姐 jiějie 명 누나, 언니

문형 ③

这是我妈妈。 이분은 우리 엄마입니다.

 Zhè shì wǒ māma.

02-05

爷爷 yéye	할아버지
奶奶 nǎinai	할머니
儿子 érzi	아들
女儿 nǚ'ér	딸

Ⓐ 这是你妈妈吗? 이분은 너의 엄마시니?
Zhè shì nǐ māma ma?

这是我妈妈。 이분은 우리 엄마야. **Ⓑ**
Zhè shì wǒ māma.

这 zhè 대 이 | 爷爷 yéye 명 할아버지 | 奶奶 nǎinai 명 할머니 | 儿子 érzi 명 아들 | 女儿 nǚ'ér 명 딸

회화1 🎧 02-06

朴智敏　你好!
　　　　Nǐ hǎo!

刘老师　你好!　你是学生吗?
　　　　Nǐ hǎo!　Nǐ shì xuésheng ma?

朴智敏　我是学生。你是学生吗?
　　　　Wǒ shì xuésheng. Nǐ shì xuésheng ma?

刘老师　我不是学生,我是老师。
　　　　Wǒ bú shì xuésheng,　wǒ shì lǎoshī.

회화2 🎧 02-07

朴智敏　你好!
　　　　Nǐ hǎo!

汤姆　　你好!
　　　　Nǐ hǎo!

朴智敏　这是你妈妈吗?
　　　　Zhè shì nǐ māma ma?

汤姆　　这是我妈妈。
　　　　Zhè shì wǒ māma.

朴智敏　这是你爸爸吗?
　　　　Zhè shì nǐ bàba ma?

汤姆　　这是我爸爸。
　　　　Zhè shì wǒ bàba.

我是学生，他是学生，我们是学生。
Wǒ shì xuésheng, tā shì xuésheng, wǒmen shì xuésheng.

这是我爸爸，这是我妈妈，这是我妹妹。
Zhè shì wǒ bàba, zhè shì wǒ māma, zhè shì wǒ mèimei.

那是他爷爷，那是他奶奶，那是他弟弟。
Nà shì tā yéye, nà shì tā nǎinai, nà shì tā dìdi.

我朋友

你好！这是我朋友，他是学生。
Nǐ hǎo! Zhè shì wǒ péngyou, tā shì xuésheng.

这是他爸爸，这是他妈妈。他们是老师。
Zhè shì tā bàba, zhè shì tā māma. Tāmen shì lǎoshī.

他 tā 때 그 │ 那 nà 때 그, 저 │ 朋友 péngyou 명 친구

03 문법 학습

1. 중국어 기본 어순과 문장성분

중국어 문장의 기본 어순은 '주어(S)+동사서술어(V)+목적어(O)'입니다.

我	是	学生。
S	V	O

2. 판단 동사 '是'와 '是'구문

동사 '是'는 동작을 구체적으로 나타내지 않고, 주어와 목적어 성분을 연결해 주는 역할을 합니다. 동사 '是'는 영어의 'be' 동사와 비슷하지만, 아래 예문에서 볼 수 있듯이 '是'에는 주어의 인칭, 수, 시제 등에 의한 형태 변화가 없습니다.

▶她是我妈妈。 그녀는 우리 엄마입니다.
 Tā shì wǒ māma.

▶我们是韩国人。 우리는 한국인입니다.
 Wǒmen shì Hánguórén.

'是'구문의 부정은 동사 '是' 앞에 '不'를 씁니다.

▶她不是我妈妈。 그녀는 우리 엄마가 아닙니다.
 Tā bú shì wǒ māma.

▶我们不是韩国人，我们是中国人。 우리는 한국인이 아니고, 중국인입니다.
 Wǒmen bú shì Hánguórén, wǒmen shì Zhōngguórén.

韩国人 Hánguórén 고유 한국인 | 中国人 Zhōngguórén 고유 중국인

3. 인칭대체사와 지시대체사

인칭대체사는 1인칭, 2인칭, 3인칭으로 분류할 수 있으며 사람이나 사물을 대체합니다. 단수와 복수의 구별이 있는데, 복수는 인칭대체사 뒤에 복수접미사 '们'을 붙여 나타냅니다.

	단수	복수
1인칭	我	我们
2인칭	你, 您(존칭)	你们 *您们
3인칭	他(남성/사람), 她(여성), 它(동물/사물)	他们, 她们, 它们

복수접미사 '们'은 인칭대체사 외에 사람을 나타내는 명사에도 붙일 수 있지만, 동물이나 사물 뒤에는 붙일 수 없습니다.

▶学生们 학생들
xuéshengmen

▶老师们 선생님들
lǎoshīmen

▶朋友们 친구들
péngyoumen

사람이나 사물을 지칭하거나 구별하는 지시대체사는 가까운 곳에 있는 경우 '这'를 사용하고, 먼 곳에 있는 경우 '那'를 사용합니다.

▶这是我哥哥。 이 사람은 우리 형(오빠)입니다.
Zhè shì wǒ gēge.

▶那是我朋友。 저 사람은 내 친구입니다.
Nà shì wǒ péngyou.

4. 가족 호칭

▶ 爷爷 yéye 할아버지

▶ 奶奶 nǎinai 할머니

▶ 爸爸 bàba 아빠

▶ 妈妈 māma 엄마

▶ 哥哥 gēge 형, 오빠

▶ 姐姐 jiějie 누나, 언니

▶ 弟弟 dìdi 남동생

▶ 妹妹 mèimei 여동생

가족 호칭 앞에 인칭대체사를 붙여 관계를 좀 더 구체적으로 표현할 수 있습니다.

▶ 你哥哥 nǐ gēge 너희 형(오빠)

▶ 她姐姐 tā jiějie 그녀의 언니

▶ 我弟弟 wǒ dìdi 내 남동생

▶ 他妹妹 tā mèimei 그의 여동생

5. '吗'를 사용한 의문문

평서문의 끝에 어기조사 '吗'를 붙여서 의문문을 만들 수 있습니다.

▶ 你是学生吗?　당신은 학생입니까?
　Nǐ shì xuésheng ma?

▶ 他是老师吗?　그는 선생님입니까?
　Tā shì lǎoshī ma?

04 연습 문제

1. 다음 중 밑줄 친 부분의 발음이 나머지 셋과 <u>다른</u> 하나를 고르세요. 🎧 02-10

   (1) ❶ bān　　　❷ nán　　　❸ káng　　　❹ miàn

   (2) ❶ lù　　　　❷ jūn　　　❸ qún　　　❹ yún

   (3) ❶ wǎn　　　❷ nuǎn　　　❸ yuán　　　❹ tuán

   (4) ❶ wēng　　　❷ lèi　　　❸ zhēn　　　❹ gèng

2. 녹음을 듣고 해당하는 汉语拼音을 고르세요. 🎧 02-11

   (1) ❶ zhūnduì　　　❷ jūnduì　　　❸ zūnduì　　　❹ jīnduì

   (2) ❶ jiějué　　　❷ jiějié　　　❸ juéjué　　　❹ juějié

   (3) ❶ duōshao　　　❷ dōushao　　　❸ duōxiao　　　❹ dōuxiao

   (4) ❶ zòuyè　　　❷ zhuòyè　　　❸ zuòyè　　　❹ zhòuyè

3. 녹음을 듣고 B에 들어갈 표현을 汉语拼音으로 써 보세요. 🎧 02-12

   (1) A: 你好!　　　B: _____

   (2) A: 您好!　　　B: _____

   (3) A: 老师好!　　　B: _____

   (4) A: 明天见!　　　B: _____

4. 다음 문장을 중국어로 써 보세요.

(1) 우리는 학생입니다.

» _____

(2) 내 친구는 선생님이 아닙니다.

» _____

(3) 이분은 우리 엄마입니다.

» _____

(4) 그들은 선생님입니다.

» _____

(5) 저 사람은 내 여동생입니다.

» _____

5. 다음 단어를 어순에 알맞게 배열해 보세요.

(1) 我 / 是 / 哥哥 / 。

» 这 _____

(2) 是 / 妈妈 / 你 / 吗 / ?

» 那 _____

(3) 学生 / 弟弟 / 是 / 。

» 我 _____

(4) 他 / 是 / 爸爸 / 。

» 这 _____

(5) 是 / 老师 / 不 / 。

» 我 _____

중국 문화

汉语拼音 Hànyǔ Pīnyīn

✦ 汉语拼音이란?

'汉语拼音'은 중국어를 로마자로 표기한 발음을 말한다. '拼音'은 소리를 연결한다는 의미인데, 한자의 음이 보통 2개 이상의 음소가 결합하여 구성되기 때문에 拼音이라 부르는 것이다. 汉语拼音을 체계적으로 정리한 규정이 '汉语拼音方案 Hànyǔ Pīnyīn Fāng'àn'이다. 汉语拼音方案은 1955년부터 1957년까지 중국 문자개혁위원회 汉语拼音方案 연구회의 연구를 거쳐 1958년 전국인민대표대회에서 처음 공포되었다. 현재 汉语拼音方案은 현대중국어의 국제적 발음표기법으로 공인되고 있으며, 실제로 한국을 포함한 대부분 국가의 중국어교육에서 이 표기법을 활용하고 있다. 우리가 컴퓨터나 휴대폰에 중국어를 입력할 때 사용하는 입력법 역시 汉语拼音 표기법을 사용하는 것이다.

✦ 汉语拼音의 아버지 ── 周有光 Zhōu Yǒuguāng

周有光은 1950년대 중국에서 汉语拼音方案의 제정을 주도한 인물로서 '汉语拼音의 아버지'라 불리기도 한다. 원래는 경제학을 전공했으나 拼音과 문자개혁에도 조예가 깊어 1955년에 汉语拼音方案 제정의 임무를 맡았다. 111세로 장수할 때까지 연구와 저술을 계속한 것으로도 유명하다.

✦ 注音符号 Zhùyīn fúhào

'注音符号'는 중국어의 또 다른 발음 표기법 중 하나이다. 1912년 중화민국 교육부에서 제정하여 1918년에 정식 반포하였으며, 지금은 대만에서 주로 사용하고 있다. 여러 차례 수정과 보완을 거쳐 현재는 총 37개 자모(声母 21, 介音 3, 韵母 13)로 구성되어 있다. 고대 한자를 기호화하여 소리와 형상을 가져왔기 때문에 중국어 발음을 汉语拼音보다 더 정확하게 표기한다는 평가도 있다.

注音符号·汉语拼音 대조표

声母						介音	韵母			
ㄅ(b)	ㄉ(d)	ㄍ(g)	ㄐ(j)	ㄓ(zh)	ㄗ(z)	ㄧ(i)	ㄚ(a)	ㄞ(ai)	ㄢ(an)	ㄦ(er)
ㄆ(p)	ㄊ(t)	ㄎ(k)	ㄑ(q)	ㄔ(ch)	ㄘ(c)	ㄨ(u)	ㄛ(o)	ㄟ(ei)	ㄣ(en)	
ㄇ(m)	ㄋ(n)	ㄏ(h)	ㄒ(x)	ㄕ(sh)	ㄙ(s)	ㄩ(ü)	ㄜ(e)	ㄠ(ao)	ㄤ(ang)	
ㄈ(f)	ㄌ(l)			ㄖ(r)			ㄝ(ê)	ㄡ(ou)	ㄥ(eng)	ㄣ(en)

제3과

你叫什么名字?

너는 이름이 뭐니?

《 학습 목표 》

① 경성과 성조 변화 이해하기

② 이름 묻고 답하기

③ 중국어 기본 문장 이해하기

④ 안부 묻고 답하기

중국어 발음 3

1. 경성 03-01

경성은 본래의 성조를 잃고 가볍고 짧게 발음하는 성조로 성조 부호를 붙이지 않습니다. 또한 일정한 높이를 갖고 있지 않으며 앞에 오는 단어의 성조에 의해 음의 높이가 달라집니다.

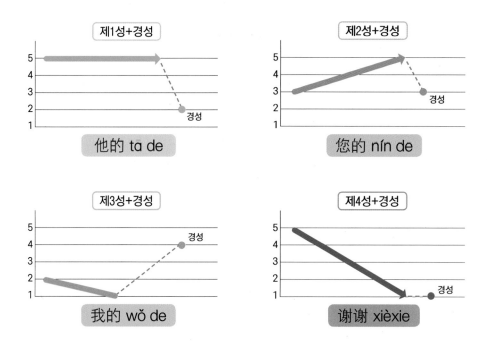

2. 성조 변화 03-02

1 제3성의 성조 변화

제3성과 제3성을 연이어 발음할 때는 앞의 3성을 제2성으로 발음합니다. 제3성이 제1, 2, 4성 앞에 올 경우와 경성 앞에 올 경우에는 반3성으로 발음합니다. 단 성조 부호를 표기할 때는 제3성 부호 그대로 표기합니다.

원래 성조	성조 변화	예
제3성∨ + 제3성∨	제2성／ + 제3성∨ (반3성∨)	shǒubiǎo
제3성∨ + 제1성— 제3성∨ + 제2성／ 제3성∨ + 제4성＼	반3성∨ + 제1성— 반3성∨ + 제2성／ 반3성∨ + 제4성＼	lǎoshī bǐrú nǔlì
제3성∨ + 경성	반3성∨ + 경성	wǒmen

제3성이 연이어 3개가 오는 경우, 앞의 두 3성은 제2성으로 발음하고 마지막 3성은 반3성 또는 제3성으로 발음하거나 의미 단위로 끊어서 발음합니다. 첫 번째 3성을 강조하거나 잠시 멈출 때는 반3성으로 발음하기도 합니다. 제3성이 연이어 4개 이상 올 경우, 의미 단위로 끊어서 발음합니다.

▶我很好。 Wǒ hěn hǎo. ∨+∨+∨ ➡ ∕+∕+∨ ∕ ∕+∕+∨
  ∨+∕+∨ ∕ ∨+∕+∨

▶我也很好。 Wǒ yě hěn hǎo. ∨+∨+∨+∨ ➡ ∕+∨+∕+∨ ∕ ∕+∨+∕+∨

2 '一'와 '不'의 성조 변화

'一'와 '不'는 뒷글자의 성조에 따라 다음과 같이 성조가 변화합니다. 성조 부호를 표기할 때는 변화한 성조로 표기합니다.

	뒷글자의 성조	성조 변화	예
一 yī	yī + 제1성	yì + 제1성	yì tiān
	yī + 제2성	yì + 제2성	yì nián
	yī + 제3성	yì + 제3성	yì wǎn
	yī + 제4성	yí + 제4성	yí kuài
	yī + 경성	yí + 경성	yí ge
不 bù	bù + 제4성	bú + 제4성	bú shì

단 '一'는 단독으로 쓸 때, 단어나 구의 끝에 올 때, 서수로 쓸 때 원래 성조인 제1성으로 발음하고 성조 부호도 제1성 부호 그대로 표기합니다.

▶一　二　三　……
　yī　èr　sān

▶统一　　　　▶买一送一
　tǒngyī　　　　mǎi yī sòng yī

▶第一名　　　▶一层　　　▶二零一八年一月一号
　dì yī míng　　yī céng　　èr líng yī bā nián yī yuè yī hào

발음 3
확인 학습

03-03

1. 녹음을 듣고 汉语拼音에 성조를 표기해 보세요.

① Ni hao!   ② Laoshi hao!   ③ Zaoshang hao!

④ Wo hen hao.   ⑤ Wo ye hen hao.   ⑥ Dui bu qi.

2. 녹음을 듣고 '一'와 '不'의 汉语拼音과 성조를 표기해 보세요.

① yigòng   ② yibān   ③ tǒngyi

④ bu hǎo   ⑤ bu qù

문형 학습

문형 1

我叫朴智敏。 나는 박지민이라고 합니다.
Wǒ jiào Piáo Zhìmǐn.
03-04

他 Tā	그	王明 Wáng Míng	왕밍
我妹妹 Wǒ mèimei	내 여동생	朴智贤 Piáo Zhìxián	박지현
我朋友 Wǒ péngyou	내 친구	李丽 Lǐ Lì	리리

Ⓐ 你叫什么名字? 너는 이름이 뭐니?
Nǐ jiào shénme míngzi?

我叫朴智敏。 나는 박지민이라고 해. Ⓑ
Wǒ jiào Piáo Zhìmǐn.

문형 2

我学习汉语。 나는 중국어를 공부합니다.
Wǒ xuéxí Hànyǔ.
03-05

写汉字 xiě Hànzì 한자를 쓰다

念课文 niàn kèwén 본문을 읽다

看电视 kàn diànshì TV를 보다

听音乐 tīng yīnyuè 음악을 듣다

Ⓐ 你学习什么? 너는 무엇을 공부하니?
Nǐ xuéxí shénme?

我学习汉语。 나는 중국어를 공부해. Ⓑ
Wǒ xuéxí Hànyǔ.

叫 jiào 동 ~라고 부르다, ~라고 불리다 | 王明 Wáng Míng 고유 왕밍 | 朴智贤 Piáo Zhìxián 고유 박지현 | 李丽 Lǐ Lì
고유 리리 | 什么 shénme 대 무엇 | 名字 míngzi 명 이름 | 学习 xuéxí 동 배우다, 공부하다 | 汉语 Hànyǔ 고유 중국어
| 写 xiě 동 쓰다 | 汉字 Hànzì 고유 한자 | 念 niàn 동 읽다, 낭독하다 | 课文 kèwén 명 본문 | 看 kàn 동 보다 | 电视
diànshì 명 텔레비전, TV | 听 tīng 동 듣다 | 音乐 yīnyuè 명 음악

我很忙。 나 바빠.
Wǒ hěn máng.
03-06

他 Tā	그
她们 Tāmen	그녀들
我哥哥 Wǒ gēge	우리 형(오빠)
我姐姐 Wǒ jiějie	우리 누나(언니)

 你忙吗? 너 바쁘니?
Nǐ máng ma?

我很忙。 나 바빠.
Wǒ hěn máng.

  你身体好吗? 너 건강은 어때?
Nǐ shēntǐ hǎo ma?
03-07

你爸爸 Nǐ bàba	너희 아빠
你妈妈 Nǐ māma	너희 엄마
你爷爷 Nǐ yéye	너희 할아버지
你奶奶 Nǐ nǎinai	너희 할머니

 你身体好吗? 너 건강은 어때?
Nǐ shēntǐ hǎo ma?

我身体很好，谢谢! 나 건강해. 고마워!
Wǒ shēntǐ hěn hǎo, xièxie! B

很 hěn 부 매우 | 忙 máng 형 바쁘다 | **身体** shēntǐ 명 몸, 건강 | **谢谢** xièxie 동 감사합니다, 고맙습니다

회화1  03-08

朴智敏   您好!
        Nín hǎo!

刘老师   你好!
        Nǐ hǎo!

朴智敏   老师，您贵姓?
        Lǎoshī,   nín guìxìng?

刘老师   我姓刘。你叫什么名字?
        Wǒ xìng Liú.   Nǐ jiào shénme míngzi?

朴智敏   我叫朴智敏。
        Wǒ jiào Piáo Zhìmǐn.

贵姓 guìxìng 몡 성함 존칭 | **姓** xìng 몡 성 동 성이 ~이다

회화2 🎧 03-09

王明　你学习什么？
　　　Nǐ xuéxí shénme?

朴智敏　我学习汉语。
　　　Wǒ xuéxí Hànyǔ.

王明　汉语难吗？
　　　Hànyǔ nán ma?

朴智敏　汉语很难。
　　　Hànyǔ hěn nán.

회화3 🎧 03-10

王明　你身体好吗？
　　　Nǐ shēntǐ hǎo ma?

朴智敏　我身体很好，谢谢！
　　　Wǒ shēntǐ hěn hǎo, xièxie!

王明　你忙吗？
　　　Nǐ máng ma?

朴智敏　我很忙，你呢？
　　　Wǒ hěn máng, nǐ ne?

王明　我不忙。
　　　Wǒ bù máng.

难 nán 형 어렵다 | 呢 ne 조 ~은(는)요? 의문을 나타냄

독해 🎧 03-11

我是学生。我学习汉语，我念课文，我写汉字，
Wǒ shì xuésheng. Wǒ xuéxí Hànyǔ, wǒ niàn kèwén, wǒ xiě Hànzì,

我做作业，我很忙。
wǒ zuò zuòyè, wǒ hěn máng.

这是我爸爸，这是我妈妈。他们工作很忙。他们
Zhè shì wǒ bàba, zhè shì wǒ māma. Tāmen gōngzuò hěn máng. Tāmen

身体很好。
shēntǐ hěn hǎo.

这是我弟弟。他看电视，他听音乐，他不忙。
Zhè shì wǒ dìdi. Tā kàn diànshì, tā tīng yīnyuè, tā bù máng.

회화&독해
확인 학습

1. 선생님의 성씨는 무엇입니까? 회화1
　① 朴　　　　　　　② 王　　　　　　　③ 刘

2. 다음 중 나에 해당하지 <u>않는</u> 것은 무엇입니까? 독해
　① 我学习汉语。　　② 我不忙。　　　　③ 我是学生。

3. 다음 중 나의 남동생에 해당하는 것은 무엇입니까? 독해
　① 他听音乐。　　　② 他学习汉语。　　③ 他很忙。

做 zuò 동 하다 | 作业 zuòyè 명 숙제, 과제 | 工作 gōngzuò 명 일, 직업 동 일하다

1. 의문대체사 '什么'

한국어의 '무엇', '무슨', '어떤'의 의미를 나타내는 의문대체사 '什么'는 사물이나 이름을 물을 때
사용합니다.

▶你做什么? 너는 뭐 하니?
Nǐ zuò shénme?

▶你看什么? 너는 무엇을 보니?
Nǐ kàn shénme?

상내방의 이름을 물을 때도 의문대제사 '什么'를 사용하는데, 대딥힐 때에는 보통 이름민 말하지
않고 성까지 함께 말합니다.

▶A: 你叫什么名字? 너는 이름이 뭐니?
Nǐ jiào shénme míngzi?

B: 我叫朴智敏。 나는 박지민이라고 해.
Wǒ jiào Piáo Zhìmǐn.

그러나 윗사람의 이름을 물을 때는 '贵姓'을 사용합니다. 대답할 때에는 '贵姓'이 아닌 '姓'을 써야
합니다. '贵姓'은 3인칭에는 사용하지 않습니다.

▶A: 您贵姓? 당신 성함이 어떻게 되십니까?
Nín guìxìng?

B: 我姓朴。 / 我姓朴，(名字)叫智贤。 / 我叫朴智贤。
Wǒ xìng Piáo / Wǒ xìng Piáo, (míngzi) jiào Zhìxián. / Wǒ jiào Piáo Zhìxián.
저는 박 씨입니다. / 저는 박 씨이고, (이름은) 지현이라고 합니다. / 저는 박지현이라고 합니다.

*我贵姓朴。

tip '您贵姓?' 외에도 정중하게 상대방의 이름을 묻는 표현으로
'怎么称呼您? Zěnme chēnghu nín?' 등을 사용합니다.

2. 동사서술어문

동사서술어문이란 동사가 서술어가 되는 문장을 말합니다. 동사에는 목적어를 수반하는 타동사와 목적어를 수반하지 않는 자동사가 있습니다.

▶ 我看(电视)。 나는 (TV를) 봅니다.
　 Wǒ kàn (diànshì).

▶ 我写汉字。 나는 한자를 씁니다.
　 Wǒ xiě Hànzì.

▶ 我听音乐。 나는 음악을 듣습니다.
　 Wǒ tīng yīnyuè.

3. 형용사서술어문

형용사서술어문이란 형용사가 서술어가 되는 문장을 말합니다. 형용사 앞에는 일반적으로 정도 부사 '很'을 사용하는데, 이때 '很'은 형용사를 강조하는 의미가 없습니다.

▶ 我很忙。 나는 바쁩니다.
　 Wǒ hěn máng.

▶ 英语很难。 영어는 어렵습니다.
　 Yīngyǔ hěn nán.

4. 주술서술어문

주술서술어문이란 주어와 서술어가 서술어 부분을 담당하는 문장을 말합니다. 한국어의 이중주어문과 같은 구조로 '코끼리는 [코가 길다]'로 이해하면 쉽습니다.

▶ 我身体很好。 나는 건강합니다.
　 Wǒ shēntǐ hěn hǎo.

▶ 他们工作很忙。 그들은 일이 바쁩니다.
　 Tāmen gōngzuò hěn máng.

英语 Yīngyǔ 고유 영어

5. 어기조사 '呢'

인칭대체사나 명사 뒤에 어기조사 '呢'를 더하고 억양을 올려 의문을 나타낼 수 있습니다. 앞서 말한 것과 같은 내용을 되묻는 것입니다.

▶ A: 你身体好吗?　너 건강은 어때?
　　 Nǐ shēntǐ hǎo ma?

　 B: 我身体很好，你呢?　나 건강해, 너는?
　　 Wǒ shēntǐ hěn hǎo, nǐ ne?

1. 녹음을 듣고 汉语拼音을 써 보세요. 🎧 03-12

   (1) A: _____   B: _____

   (2) A: _____   B: _____

   (3) A: _____   B: _____

   (4) A: _____   B: _____

2. 녹음을 듣고 질문의 답안과 일치하면 ○, 틀리면 ✕를 표시하세요. 🎧 03-13

   (1) 我朋友叫王明。

   (2) 我看电视。

   (3) 我爸爸身体很好，谢谢！

3. 사진을 보고 상황에 맞게 대화를 완성해 보세요.

   (1)

     A: _____

     B: 我叫朴智敏。

   (2)

     A: _____

     B: 我身体很好，谢谢！

4. 다음 문장을 중국어로 써 보세요.

   (1) 선생님, 성함이 어떻게 되십니까?

   》 _____

   (2) 너는 뭐 하니?

   》 _____

   (3) 나는 음악을 듣습니다.

   》 _____

   (4) 내 남동생은 바쁘지 않습니다.

   》 _____

   (5) 중국어는 어렵지 않습니다.

   》 _____

5. 다음 단어를 어순에 알맞게 배열해 보세요.

   (1) 忙 / 工作 / 很 / 。

   》他们 _____

   (2) 李丽 / 叫 / 妹妹 / 。

   》我 _____

   (3) 什么 / 学习 / ?

   》你 _____

   (4) 身体 / 吗 / 好 / 爷爷 / ?

   》你 _____

   (5) 朴 / 智敏 / 叫 / 姓 / , / 。

   》我 _____

중국 문화

중국의 성씨(姓氏)

✦ 인구수가 가장 많은 중국의 성씨는?

고대 중국에서 성은 원래 모계사회에서 기원하고, 씨는 부계 쪽 혈연관계에서 기원하였다. 후대에 오면서 성씨는 같은 혈연관계를 의미하는 성으로 통일되었다. 《百家姓 Bǎijiāxìng》은 원래 宋 Sòng 나라 때 성씨를 기록한 책의 제목인데, 지금도 중국의 다양한 성씨를 가리키는 말로 흔히 사용한다. 2020년 통계에 따르면, 중국에서 인구수가 가장 많은 성씨는 전체 인구의 7.94%를 차지하는 王 Wáng 씨로 약 1억 500만에 달한다. 두 번째로 많은 성씨는 李 Lǐ 씨로 1억 200만 정도이다. 그 다음으로 张 Zhāng, 刘 Liú, 陈 Chén, 杨 Yáng, 黄 Huáng, 赵 Zhào, 吴 Wú, 周 Zhōu 씨 등이 중국 10대 성씨로 뒤를 잇고 있다. 인구가 가장 많은 王, 李, 张, 刘, 陈 5개 성씨가 전체 인구의 32%를 차지한다.

♣ 중국 百家姓 (2020년)

1	王	2	李	3	张	4	刘	5	陈	6	杨	7	黄	8	赵	9	吴	10	周
11	徐	12	孙	13	马	14	朱	15	胡	16	郭	17	何	18	林	19	罗	20	高
21	郑	22	梁	23	谢	24	宋	25	唐	26	许	27	韩	28	邓	29	冯	30	曹
31	彭	32	曾	33	肖	34	田	35	董	36	潘	37	袁	38	蔡	39	蒋	40	余
41	于	42	杜	43	叶	44	程	45	魏	46	苏	47	吕	48	丁	49	任	50	卢
51	姚	52	沈	53	钟	54	姜	55	崔	56	谭	57	陆	58	范	59	汪	60	廖
61	石	62	金	63	韦	64	贾	65	夏	66	付	67	方	68	邹	69	熊	70	白
71	孟	72	秦	73	邱	74	侯	75	江	76	尹	77	薛	78	闫	79	段	80	雷
81	龙	82	黎	83	史	84	陶	85	贺	86	毛	87	郝	88	顾	89	龚	90	邵
91	万	92	覃	93	武	94	钱	95	戴	96	严	97	莫	98	孔	99	向	100	常

✦ 성씨가 들어간 사자성어

중국 사자성어 중에는 성씨가 들어간 경우가 적지 않다. 또한, 중국 고대의 나라명이 들어간 경우도 있다. 몇 가지 예를 들면 다음과 같다.

사자성어	원래 의미	활용 의미
张冠李戴 zhāngguān-lǐdài	张씨의 갓을 李씨에게 씌우다.	사실에 부합하지 않거나 사실을 잘못 알다.
完璧归赵 wánbì-guīzhào	옥을 잘 간수하여 赵나라로 다시 가져 오다.	빌린 물건을 손상하지 않고 원래 그대로 주인에게 돌려주다.
张三李四 zhāngsān-lǐsì	张씨의 셋째 아들과 李씨의 넷째 아들	어디에나 있는 평범한 사람들
张王李赵 zhāng wáng lǐ zhào	중국에서 흔한 4개의 성씨: 张, 王, 李, 赵	보통사람, 일반인 동의어: 张三李四
吴越同舟 wúyuè-tóngzhōu	吴나라 사람과 越나라 사람이 같은 배를 타다.	원수지간이라도 같은 운명에 처하면 서로 돕고 힘을 합친다.

教室在哪儿?

교실은 어디에 있나요?

《학습 목표》

❶ 儿化와 隔音符号 이해하기

❷ 위치 설명하기

❸ 문장 종류별 부정 형식 이해하고 표현하기

❹ 범위, 빈도를 나타내는 부사 이해하기

중국어 발음 4

1. 儿化 Érhuà

'儿化'는 음절 끝에 '儿 ér' 음을 붙여 발음하는 것을 말합니다. 한자로 표기할 때는 '儿'자를 첨가하고, 汉语拼音으로 표기할 때는 'e'를 생략하고 'r'만 씁니다. 특별한 의미 없이 습관적으로 쓰기도 하지만 '儿化'로 의미를 변별하기도 하고, 품사나 의미를 변화시키기도 하며, 작고 귀여움의 어감을 나타내기도 합니다. '儿化'는 北京 방언의 특징으로 중국 남부나 대만 등지에서는 많이 쓰지 않습니다.

발음 방법 🎧 04-01

① 'a', 'o', 'e', 'u' 뒤에서는 그대로 'r'을 붙여 발음합니다.

▶ 画 huà ➡ 画儿 huàr   ▶ 猫 māo ➡ 猫儿 māor

▶ 这 zhè ➡ 这儿 zhèr   ▶ 口 kǒu ➡ 口儿 kǒur

② 'i'와 'n' 뒤에서는 'i'와 'n' 음이 탈락하고 'r'을 붙여 발음합니다.

▶ 孩 hái ➡ 孩儿 háir   ▶ 玩 wán ➡ 玩儿 wánr

③ 'ng' 뒤에서는 'ng' 음이 탈락하고 'r'을 붙인 뒤 비음화하여 발음합니다.

▶ 空 kòng ➡ 空儿 kòngr

④ 단운모 'i', 'ü' 뒤에서는 'i', 'ü' 음이 탈락하고 'er'을 붙여 발음합니다.

▶ 事 shì ➡ 事儿 shìr   ▶ 趣 qù ➡ 趣儿 qùr

2. 隔音符号 Géyīn fúhào (')

'a', 'o', 'e'로 시작하는 음절이 다른 음절 뒤에 올 때, 음절의 경계를 분명히 하기 위해 '隔音符号(')'를 사용합니다.

▶ 天安门 Tiān'ānmén   ▶ 配偶 pèi'ǒu   ▶ 首尔 Shǒu'ěr

1. 녹음을 듣고 儿化에 주의하여 발음해 보세요.

① 画画儿 huàhuàr   ② 小猫儿 xiǎomāor   ③ 小孩儿 xiǎoháir

④ 好玩儿 hǎowánr   ⑤ 空儿 kòngr   ⑥ 没事儿 méishìr

2. 隔音符号에 주의하여 다음 단어를 발음해 보세요.

① 西安 Xī'ān   ② 生藕 shēng'ǒu   ③ 饥饿 jī'è

   先 xiān   深沟 shēngōu   借 jiè

문형 학습

 문형 ①

我在**教室**。 나는 교실에 있습니다.

Wǒ zài jiàoshì.

04-03

他们 Tāmen	그들	书店 shūdiàn	서점
老师 Lǎoshī	선생님	办公室 bàngōngshì	사무실
教室 Jiàoshì	교실	这儿 zhèr	여기
图书馆 Túshūguǎn	도서관	那儿 nàr	저기

Ⓐ 你在哪儿? 너 어디에 있니?
Nǐ zài nǎr?

我在**教室**。 나는 교실에 있어. Ⓑ
Wǒ zài jiàoshì.

 문형 ②

我去学校，他也去学校，我们都去学校。

Wǒ qù xuéxiào, tā yě qù xuéxiào, wǒmen dōu qù xuéxiào.

04-04

나는 학교에 가고, 그도 학교에 가고, 우리 모두 학교에 갑니다.

学习汉语 xuéxí Hànyǔ	중국어를 공부하다
做作业 zuò zuòyè	숙제를 하다
看电影 kàn diànyǐng	영화를 보다
在学校 zài xuéxiào	학교에 있다

Ⓐ 你去学校，他也去学校吗? 너는 학교에 가고, 그도 학교에 가니?
Nǐ qù xuéxiào, tā yě qù xuéxiào ma?

我去学校，他也去学校，我们都去学校。 Ⓑ
Wǒ qù xuéxiào, tā yě qù xuéxiào, wǒmen dōu qù xuéxiào.
나는 학교에 가고, 그도 학교에 가고, 우리 모두 학교에 가.

在 zài 동 ~에 있다, 존재하다 | **教室** jiàoshì 명 교실 | **书店** shūdiàn 명 서점 | **办公室** bàngōngshì 명 사무실 | **这儿** zhèr 대 여기, 이곳 | **图书馆** túshūguǎn 명 도서관 | **那儿** nàr 대 거기, 저기, 그곳, 저곳 | **哪儿** nǎr 대 어디, 어느 곳 | **去** qù 동 가다 | **学校** xuéxiào 명 학교 | **也** yě 부 ~도, 또한 | **电影** diànyǐng 명 영화 | **都** dōu 부 모두, 다

我不去教室，我去图书馆。 나는 교실에 안 가고, 도서관에 갑니다.

04-05
Wǒ bú qù jiàoshì, wǒ qù túshūguǎn.

| 学校 xuéxiào | 학교 | 书店 shūdiàn | 서점 |
| 宿舍 sùshè | 기숙사 | 办公室 bàngōngshì | 사무실 |

A 你去教室吗? 너 교실에 가니?
Nǐ qù jiàoshì ma?

我不去教室，我去图书馆。 나는 교실에 안 가고, 도서관에 가. **B**
Wǒ bú qù jiàoshì, wǒ qù túshūguǎn.

汉语不太难。 중국어는 그다지 어렵지 않습니다.

04-06
Hànyǔ bú tài nán.

| 工作 gōngzuò | 일 | 忙 máng | 바쁘다 |
| 教室 jiàoshì | 교실 | 大 dà | 크다 |

A 汉语难吗? 중국어는 어렵습니까?
Hànyǔ nán ma?

B 汉语不太难。 중국어는 그다지 어렵지 않습니다.
Hànyǔ bú tài nán.

宿舍 sùshè 명 기숙사 │ 太 tài 부 지나치게, 너무 │ 不太 bú tài 그다지 ~하지 않다 │ 大 dà 형 크다

我工作不太忙。 나는 일이 그다지 바쁘지 않습니다.

 Wǒ gōngzuò bú tài máng
04-07

我学习	나 공부	忙 máng	바쁘다
Wǒ xuéxí			
我们班学生	우리 반 학생	多 duō	많다
Wǒmen bān xuésheng			

A 你工作忙吗? 너 일이 바쁘니?
Nǐ gōngzuò máng ma?

B 我工作不太忙。 나는 일이 그다지 바쁘지 않아.
Wǒ gōngzuò bú tài máng.

 班 bān 명 반 | 多 duō 형 많다

회화1 🎧 04-08

朴智敏   你好！你是学生吗？
Nǐ hǎo!   Nǐ shì xuésheng ma?

李丽   对，我是学生。
Duì,   wǒ shì xuésheng.

朴智敏   留学生办公室在哪儿？
Liúxuéshēng bàngōngshì zài nǎr?

李丽   对不起，我也不知道。
Duì bu qǐ,   wǒ yě bù zhīdào.

회화2 🎧 04-09

朴智敏   图书馆在哪儿？
Túshūguǎn zài nǎr?

李丽   图书馆在那儿。
Túshūguǎn zài nàr.

朴智敏   谢谢！
Xièxie!

李丽   不用谢。 ᵗⁱᵖ
Búyòng xiè.

tip 不谢 bú xiè, 不客气 bú kèqi로도 말할 수 있어요.

对 duì 형 맞다, 옳다 | 留学生 liúxuéshēng 명 유학생 | 对不起 duì bu qǐ 미안합니다 | 知道 zhīdào 동 알다 | 不用 búyòng 부 ~할 필요가 없다 | 不用谢 búyòng xiè 천만에요, 별말씀을요

회화3 🎧 04-10

王明
你看电影吗？
Nǐ kàn diànyǐng ma?

朴智敏
对不起， 我学习很忙， 我不看电影。
Duì bu qǐ, wǒ xuéxí hěn máng, wǒ bú kàn diànyǐng.

王明
没关系。再见！
Méi guānxi. Zàijiàn!

朴智敏
再见！
Zàijiàn!

독해 🎧 04-11

我是学生， 我朋友也是学生。
Wǒ shì xuésheng, wǒ péngyou yě shì xuésheng.

我学习汉语， 他也学习汉语， 我们都学习汉语。
Wǒ xuéxí Hànyǔ, tā yě xuéxí Hànyǔ, wǒmen dōu xuéxí Hànyǔ.

我学习很忙， 他学习不太忙。
Wǒ xuéxí hěn máng, tā xuéxí bú tài máng.

这是学校， 留学生宿舍在这儿， 图书馆在那儿。
Zhè shì xuéxiào, liúxuéshēng sùshè zài zhèr, túshūguǎn zài nàr.

회화&독해 확인 학습

1. 다음 중 박지민에 해당하지 않는 것은 무엇입니까? 회화
① 他不看电影。 ② 他是学生。 ③ 他学习不太忙。

2. 다음 중 나의 친구에 해당하는 것은 무엇입니까? 독해
① 他不是学生。 ② 他学习很忙。 ③ 他学习汉语。

3. 도서관은 어디에 있습니까? 독해
① 在这儿。 ② 在那儿。 ③ 不知道。

没关系 méi guānxi 상관없다, 괜찮다

문법 학습

1. 장소를 나타내는 '这儿/这里, 那儿/那里, 哪儿/哪里'

지시대체사 '这'와 '那' 뒤에 '儿'이나 '里'를 덧붙이면 장소를 지칭하는 대체사가 됩니다.

▶ 学校在这儿。 학교는 여기에 있습니다.
  Xuéxiào zài zhèr.

▶ 那里是图书馆。 저기는 도서관입니다.
  Nàli shì túshūguǎn.

의문대체사 '哪儿'은 장소를 물을 때 사용하며 '哪里'로 쓰기도 합니다.

▶ 你去哪儿? 너 어디 가니?
  Nǐ qù nǎr?

▶ 宿舍在哪里? 기숙사는 어디에 있습니까?
  Sùshè zài nǎli?

2. 동사서술어문의 부정 형식

동사서술어문의 부정문은 동사 앞에 부정부사 '不'를 더해 나타냅니다. 현재의 부정을 나타내거나, 어떤 행동을 할 의지가 없음을 나타냅니다.

▶ 我不看电视。 나는 TV를 보지 않습니다.
  Wǒ bú kàn diànshì.

▶ 他不去学校。 그는 학교에 가지 않습니다.
  Tā bú qù xuéxiào.

这里 zhèli 대 여기, 이곳 | 那里 nàli 대 거기, 저기, 그곳, 저곳 | 哪里 nǎli 대 어디, 어느 곳

3. 형용사서술어문과 주술서술어문의 부정 형식

형용사서술어문의 부정문은 형용사 앞에 부정부사 '不'를 사용하여 나타냅니다. 이때 '很'은 사용할 수 없습니다.

▶ 她不忙。 그녀는 바쁘지 않습니다.
Tā bù máng.

▶ 教室不大。 교실은 크지 않습니다.
Jiàoshì bú dà.

'不太(그다지 ~하지 않다)'를 써서 정노를 좀 더 사세하게 나타낼 수도 있습니다.

▶ 她不太忙。 그녀는 그다지 바쁘지 않습니다.
Tā bú tài máng.

▶ 教室不太大。 교실은 그다지 크지 않습니다.
Jiàoshì bú tài dà.

주술서술어문의 부정문도 서술어 부분의 형용사 앞에 '很' 대신 '不'나 '不太'를 사용하여 나타냅니다.

▶ 我工作不忙。 나는 일이 바쁘지 않습니다.
Wǒ gōngzuò bù máng.

▶ 我工作不太忙。 나는 일이 그다지 바쁘지 않습니다.
Wǒ gōngzuò bú tài máng.

4. 부사

부사는 동사나 형용사 앞에서 수식하는 단어를 말합니다. 주로 부정, 정도, 범위, 빈도 등의 각도에서 문장의 의미를 분명하게 알려주는 역할을 합니다. '都'는 범위를 나타내는 부사로 앞에 나온 내용을 모두 포괄하는 역할을 합니다. 그러므로 '都' 앞에는 단수가 올 수 없습니다.

▶ 我们都在学校。 우리는 모두 학교에 있습니다.
Wǒmen dōu zài xuéxiào.

▶ 他们都是中国人。 그들은 모두 중국인입니다.
Tāmen dōu shì Zhōngguórén.

*他都去图书馆。

'也'는 어떤 동작이나 상황의 반복을 나타내는 부사로, 동일한 주어의 서로 다른 동작이나 상황을 표현하거나 서로 다른 주어의 상황이나 동작이 동일함을 표현할 때 사용합니다.

▶ 我学习汉语，他也学习汉语。 나는 중국어를 공부하고, 그도 중국어를 공부합니다.
Wǒ xuéxí Hànyǔ, tā yě xuéxí Hànyǔ.

여러 부사가 함께 나올 경우 배열 순서가 있는데, '也'와 '都'가 한 문장에 동시에 출현하여 서술어를 수식할 때는 '也'가 '都' 앞에 위치해야 합니다.

▶ 我们都说汉语，他们也都说汉语。 우리는 모두 중국어를 말하고, 그들도 모두 중국어를 말합니다.
Wǒmen dōu shuō Hànyǔ, tāmen yě dōu shuō Hànyǔ.

▶ 我们都很好，他们也都很好。 우리는 모두 잘 지내고, 그들도 모두 잘 지냅니다.
Wǒmen dōu hěn hǎo, tāmen yě dōu hěn hǎo.

1. 녹음을 듣고 알맞은 답을 고르세요. 04-12

   (1) 她是学生吗?

   ❶ 她是学生。　　　　❷ 她不是学生。　　　❸ 不知道。

   (2) 她知道留学生办公室在哪儿吗?

   ❶ 她知道。　　　　　❷ 她不知道。　　　　❸ 没关系。

2. 녹음을 듣고 질문의 답안과 일치하면 ○, 틀리면 ✕를 표시하세요. 04-13

   (1) 老师在图书馆。

   (2) 我不去学校，我去书店。

   (3) 我们班学生不太多。

3. 사진을 보고 상황에 맞게 대화를 완성해 보세요.

   (1)

   A: _____

   B: 图书馆在那儿。

   (2)

   A: 教室大吗?

   B: _____

4. 다음 문장을 중국어로 써 보세요.

(1) 나는 사무실에 있습니다.

　　》 _____

(2) 나는 숙제를 하고, 그도 숙제를 합니다.

　　》 _____

(3) 나는 교실에 안 가고, 도서관에 가.

　　》 _____

(4) 학교는 그다지 크지 않습니다.

　　》 _____

(5) 너 어디에 있니?

　　》 _____

5. 다음 단어를 어순에 알맞게 배열해 보세요.

(1) 哪儿 / 在 / ?

　》 教室 _____

(2) 都 / 学校 / 在 / 。

　》 我们 _____

(3) 宿舍 / 是 / 留学生 / 。

　》 那里 _____

(4) 电影(2회) / 看(2회) / 他 / 也 / , / 。

　》 我 _____

(5) 我 / 知道 / 也 / 不 / , / 。

　》 对不起 _____

중국 문화

北京 Běijīng 5대 명소

중국의 수도 北京은 정치, 경제, 교육, 문화의 중심지로서 수천 년의 역사를 지니고 있다. 北京이 통일 왕조의 수도가 된 것은 元 Yuán 나라 때가 처음이며, 明 Míng 나라 초기 南京 Nánjīng 에서 北京으로 수도를 옮긴 후 지금까지 수도로서의 위상을 굳건히 지키고 있다. 그래서 北京의 명소는 대부분 중국의 역사나 전통과 관련된 곳이 많다.

✦ 故宫 Gùgōng

중국에서 故宫은 일반적으로 수도 北京의 황실 궁전을 가리키며, 흔히 '紫禁城 Zǐjìnchéng'이라고도 한다. 전체 면적 72만㎡, 건축 면적 15만㎡에 달하며, 70여 개의 궁전과 9천여 칸의 방으로 구성되어 있다. 明나라 초인 成祖 Chéngzǔ 永乐帝 Yǒnglèdì 때 당시 수도였던 南京의 황궁을 모델로 삼아 15년에 걸쳐 완성하였으며, 永乐帝가 수도를 北京으로 옮기면서 명실상부 제국의 황궁으로 자리를 잡았다. 故宫의 정문인 午门 Wǔmén 을 지나면 황궁의 공간이 본격적으로 펼쳐지며, 국가 의례가 행해지던 太和殿 Tàihédiàn, 中和殿 Zhōnghédiàn, 保和殿 Bǎohédiàn 이 三大殿 sāndàdiàn 으로서 故宫의 핵심을 이룬다.

✦ 天安门 Tiān'ānmén

故宫의 남쪽 끝에 위치한 문으로 황궁의 시작점이라 할 수 있다. 毛泽东 Máo Zédōng 의 대형 초상화가 중앙에 걸려 있어 이곳이 현대 중국의 중심이자 상징임을 보여준다. 北京 동서 축선을 가로지르는 长安街 Cháng'ān Jiē 를 사이에 두고 天安门 광장과 마주보고 있으며, 광장 중앙과 주변으로 인민영웅기념비, 인민대회당, 중국국가박물관 등 중국의 역사를 대변하는 구조물이 포진해 있다. 일몰 시간에 맞춰 진행되는 국기 하강식을 보기 위해 수많은 사람들이 天安门 광장으로 모여든다.

✦ 颐和园 Yíhéyuán

颐和园은 清 Qīng 나라 때 황실 정원으로 北京 서북쪽에 위치해 있다. 전체 면적이 약 3㎢에 달하며, 그중 2/3를 차지하는 인공호수 昆明湖 Kūnmínghú와 이 호수가 내려다보이는 万寿山 Wànshòushān이 전체 정원을 대표한다. 颐和园은 乾隆 Qiánlóng 황제가 거금을 들여 짓기 시작한 이후 황실의 여름 휴양지로 사용되곤 했다. 清나라 말, 西太后 Xītàihòu 의 산책길로도 알려진 총 728m에 달하는 长廊 Chángláng 과 万寿山 중턱에 위치한 佛香阁 Fóxiānggé, 중국 강남 지역의 풍경을 본 따 만든 거리인 苏州街 Sūzhōu Jiē 가 특히 유명하다.

✦ 胡同 Hútòng 과 四合院 Sìhéyuàn

胡同은 길이나 골목을 가리키는 몽골어에서 온 말로 흔히 북방 지역의 골목을 가리킬 때 쓴다. 北京의 胡同 역시 대부분 元나라 몽골 왕조 때 조성되었다. 胡同은 北京의 옛 모습을 간직하고 있어 외국 관광객들이 특히 선호한다. 四合院은 바로 이 胡同을 끼고 늘어선 北京의 전통 가옥이다. 가운데 정원을 사방의 가옥이 둘러싼 모양이라 四合院이라 부른다. 北京의 급격한 개발로 인해 胡同과 四合院이 사라져가는 현실이 사회 문제가 되기도 했다.

✦ 八达岭长城 Bādálǐng Chángchéng

최근 조사에 의하면 중국의 长城 Chángchéng 은 무려 2만 리가 넘는다고 한다. 여기에는 长城을 소개할 때 흔히 볼 수 있는 거대한 성벽뿐 아니라 산비탈의 장벽, 토성, 보루 등도 포함된다. 秦始皇 Qínshǐhuáng 때 지어졌다고 알려져 있지만, 사실 그 이전부터 중국의 여러 나라가 곳

곳에 성벽을 쌓았다. 秦始皇은 북방 흉노의 침입을 막고자 대규모 인력과 자원을 들여 기존의 성을 보수하거나 새로운 장벽을 쌓아 올렸다. 현재 남아 있는 长城의 대부분은 明나라 때 지은 것이다. 北京 북쪽의 八达岭长城 역시 明나라 때 长城이며, 가장 전형적인 长城의 모습을 하고 있다.

제5과

我有一个手机。

나는 휴대폰이 있어요.

《학습 목표》

❶ 소유의 긍정과 부정 표현하기

❷ 긍정과 부정을 모두 기대할 수 있는 의문 표현하기

我有一个手机。 나는 휴대폰이 하나 있어.

Wǒ yǒu yí ge shǒujī.

05-01

一台笔记本电脑
yì tái bǐjìběn diànnǎo
노트북 1대

一个智能手表
yí ge zhìnéng shǒubiǎo
스마트워치 1개

一双运动鞋
yì shuāng yùndòngxié
운동화 1켤레

A 你有手机吗? 너 휴대폰 있니?
Nǐ yǒu shǒujī ma?

我有一个手机。 나는 휴대폰이 하나 있어. **B**
Wǒ yǒu yí ge shǒujī.

请问，这儿有咖啡吗? 실례합니다. 여기 커피 있나요?

Qǐng wèn, zhèr yǒu kāfēi ma?

05-02

牛奶 niúnǎi 우유

词典 cídiǎn 사전

大衣 dàyī 코트

A 请问，这儿有咖啡吗? 실례합니다. 여기 커피 있나요?
Qǐng wèn, zhèr yǒu kāfēi ma?

对不起，这儿没有咖啡。 죄송하지만, 여기 커피는 없습니다. **B**
Duì bu qǐ, zhèr méi yǒu kāfēi.

有 yǒu 동 ~이(가) 있다, 소유하다 | 个 ge 양 개 사람, 사물을 세는 단위 | (智能)手机 (zhìnéng) shǒujī 명 휴대폰, (스마트)폰 | 台 tái 양 대 기계를 세는 단위 | 笔记本(电脑) bǐjìběn (diànnǎo) 명 노트북 (컴퓨터) | 智能手表 zhìnéng shǒubiǎo 명 스마트워치 | 双 shuāng 양 켤레 짝을 이뤄 사용하는 물건을 세는 단위 | 运动鞋 yùndòngxié 명 운동화 | 鞋 xié 명 신발 | 请 qǐng 동 요청하다, 부탁하다 | 请问 qǐng wèn 말씀 좀 여쭙겠습니다, 실례합니다 | 咖啡 kāfēi 명 커피 | 牛奶 niúnǎi 명 우유 | 词典 cídiǎn 명 사전 | 大衣 dàyī 명 외투, 코트 | 没(有) méi (yǒu) 부 (소유하지) 않다

문형 ❸

我买这(一)本书。 나는 이 책을 삽니다.

05-03

Wǒ mǎi zhè (yì) běn shū.

(一)张桌子 탁자 (1개)
(yì) zhāng zhuōzi

(一)把椅子 의자 (1개)
(yì) bǎ yǐzi

(一)件衣服 옷 (1벌)
(yí) jiàn yīfu

A 你买哪(一)本书？ 너는 어떤 책을 사니?
Nǐ mǎi nǎ (yì) běn shū?

我买这(一)本书。 나는 이 책을 사. **B**
Wǒ mǎi zhè (yì) běn shū.

문형 ❹

我去图书馆。 / 我不去图书馆。

05-04

Wǒ qù túshūguǎn. / Wǒ bú qù túshūguǎn.
나는 도서관에 갑니다. / 나는 도서관에 안 갑니다.

看电影 kàn diànyǐng	영화를 보다	不看电影 bú kàn diànyǐng	영화를 안 보다
是留学生 shì liúxuéshēng	유학생이다	不是留学生 bú shì liúxuéshēng	유학생이 아니다
有笔记本电脑 yǒu bǐjìběn diànnǎo	노트북이 있다	没有笔记本电脑 méi yǒu bǐjìběn diànnǎo	노트북이 없다

A 你去不去图书馆？ 너 도서관에 가니 안 가니?
Nǐ qù bu qù túshūguǎn?

我去图书馆。 / 我不去图书馆。 나는 도서관에 가. / 나는 도서관에 안 가. **B**
Wǒ qù túshūguǎn. / Wǒ bú qù túshūguǎn.

买 mǎi 동 사다, 구입하다 | 本 běn 양 권 책을 세는 단위 | 书 shū 명 책 | 张 zhāng 양 개, 장 종이, 탁자, 침대 등 평평한
면을 가진 것을 세는 단위 | 桌子 zhuōzi 명 탁자, 테이블 | 把 bǎ 양 개 손잡이가 있는 물건을 세는 단위 | 椅子 yǐzi 명 의
자 | 件 jiàn 양 벌, 건, 개 일, 사건, 개체 등을 세는 단위 | 衣服 yīfu 명 옷 | 哪 nǎ 대 어느, 어떤

这本书不是我的，是我朋友的。

05-05

Zhè běn shū bú shì wǒ de, shì wǒ péngyou de.

이 책은 내 것이 아니고, 내 친구의 것입니다.

这件衣服 Zhè jiàn yīfu	이 옷	我同屋 wǒ tóngwū	내 룸메이트
这台笔记本电脑 Zhè tái bǐjìběn diànnǎo	이 노트북	我朋友 wǒ péngyou	내 친구
这双运动鞋 Zhè shuāng yùndòngxié	이 운동화	我弟弟 wǒ dìdi	내 님동생

A 这本书是你的吗? 이 책 네 거니?
Zhè běn shū shì nǐ de ma?

这本书不是我的，是我朋友的。 이 책은 내 것이 아니고, 내 친구 거야. **B**
Zhè běn shū bú shì wǒ de, shì wǒ péngyou de.

的 de 조 ~의, ~의 것 소유, 소속의 의미를 나타냄 | 同屋 tóngwū 명 룸메이트

회화1 🎧 05-06

汤姆　　你去哪儿？
Nǐ qù nǎr?

朴智敏　我去商场。
Wǒ qù shāngchǎng.

汤姆　　你买什么？
Nǐ mǎi shénme?

朴智敏　我买一件大衣、一双运动鞋、两本汉语书。
Wǒ mǎi yí jiàn dàyī,　　yì shuāng yùndòngxié, liǎng běn Hànyǔ shū.

　　　　你也去吗？
Nǐ yě qù ma?

汤姆　　我也去。
Wǒ yě qù.

朴智敏　你买什么？
Nǐ mǎi shénme?

汤姆　　我买一个智能手表、两本汉语书。
Wǒ mǎi yí ge zhìnéng shǒubiǎo,　　liǎng běn Hànyǔ shū.

商场 shāngchǎng 몡 쇼핑몰, 대형 마트 │ **两** liǎng 쉬 2, 둘

汤姆　请问，这儿有没有智能手表？
　　　Qǐng wèn, zhèr yǒu méi yǒu zhìnéng shǒubiǎo?

职员1　对不起，这儿没有智能手表，那里有。
　　　Duì bu qǐ, 　zhèr méi yǒu zhìnéng shǒubiǎo, 　nàli yǒu.

汤姆　请问，这儿有智能手表吗？
　　　Qǐng wèn, zhèr yǒu zhìnéng shǒubiǎo ma?

职员2　有，你买哪个智能手表？
　　　Yǒu, 　nǐ mǎi nǎ ge zhìnéng shǒubiǎo?

汤姆　哪个好看？
　　　Nǎ ge hǎokàn?

职员2　这个最好看。
　　　Zhè ge zuì hǎokàn.

汤姆　这个贵不贵？
　　　Zhè ge guì bu guì?

职员2　这个不太贵。
　　　Zhè ge bú tài guì.

汤姆　我买这个。
　　　Wǒ mǎi zhè ge.

职员 zhíyuán 명 직원, 종업원 ｜ 好看 hǎokàn 형 예쁘다, 보기 좋다 ｜ 最 zuì 부 가장, 제일 ｜ 贵 guì 형 비싸다

회화3 05-08

王明　这是你的手机吗？
Zhè shì nǐ de shǒujī ma?

朴智敏　这不是我的手机，这是我同屋的。
Zhè bú shì wǒ de shǒujī, zhè shì wǒ tóngwū de.

王明　那台笔记本电脑也是你同屋的吗？
Nà tái bǐjìběn diànnǎo yě shì nǐ tóngwū de ma?

朴智敏　那不是我同屋的，是我的。
Nà bú shì wǒ tóngwū de, shì wǒ de.

회화 확인 학습	1. 박지민이 사려고 하는 물건 중 수량이 다른 것은 무엇입니까?

1. 박지민이 사려고 하는 물건 중 수량이 다른 것은 무엇입니까?
　　① 大衣　　　　　② 汉语书　　　　　③ 运动鞋

2. 다음 중 톰이 쇼핑몰에서 사려고 하는 것은 무엇입니까?
　　① 智能手表　　　② 大衣　　　　　　③ 运动鞋

3. 톰이 사려고 하는 스마트워치는 가격이 어떻습니까?
　　① 贵　　　　　　② 不太贵　　　　　③ 不知道

독해1 🎧 05-09

我有一个手机、一个智能手表、一台笔记本电脑。
Wǒ yǒu yí ge shǒujī,　　　yí ge zhìnéng shǒubiǎo,　　yì tái bǐjìběn diànnǎo.

我同屋有一个手机、一台笔记本电脑。他没有智能手表。
Wǒ tóngwū yǒu yí ge shǒujī,　　yì tái bǐjìběn diànnǎo.　　Tā méi yǒu zhìnéng shǒubiǎo.

我们宿舍有两张床、两张桌子、两把椅子。
Wǒmen sùshè yǒu liǎng zhāng chuáng, liǎng zhāng zhuōzi, liǎng bǎ yǐzi.

독해2 🎧 05-10

今天我去商场。我买一件大衣、一双运动鞋、两本汉语书。
Jīntiān wǒ qù shāngchǎng. Wǒ mǎi yí jiàn dàyī, yì shuāng yùndòngxié, liǎng běn Hànyǔ shū.

今天我同屋也去商场。他买一个智能手表、两本汉语书。
Jīntiān wǒ tóngwū yě qù shāngchǎng. Tā mǎi yí ge zhìnéng shǒubiǎo,　　liǎng běn Hànyǔ shū.

这两本汉语书是我的，那两本汉语书是我同屋的。
Zhè liǎng běn Hànyǔ shū shì wǒ de,　　nà liǎng běn Hànyǔ shū shì wǒ tóngwū de.

독해 확인학습	1. 박지민과 룸메이트 둘 다 가지고 있는 물건이 <u>아닌</u> 것은 무엇입니까?

　　① 智能手表　　　　　　② 笔记本电脑　　　　　③ 手机

2. 기숙사에 비치된 물품이 <u>아닌</u> 것은 무엇입니까?

　　① 桌子　　　　　　　② 笔记本电脑　　　　　③ 椅子

3. 박지민과 룸메이트 둘 다 산 물건은 무엇입니까?

　　① 智能手表　　　　　　② 大衣　　　　　　　③ 汉语书

床 chuáng 명 침대 | 今天 jīntiān 명 오늘

03 문법 학습

1. '有'와 '有'구문

'有'는 '~이(가) 있다', '가지고 있다'라는 소유의 의미를 나타내는 동사이며, 이런 '有'가 서술어로 쓰인 문장을 '有'구문이라고 합니다.

▶ 我有一台笔记本电脑。 나는 노트북 1대가 있습니다.
　 Wǒ yǒu yì tái bǐjìběn diànnǎo.

▶ 他有一个智能手表。 그는 스마트워치 하나가 있습니다.
　 Tā yǒu yí ge zhìnéng shǒubiǎo.

'有'구문의 부정문은 '有' 앞에 '没'를 써서 '没有'라고 하며 '不有'라고 하지 않습니다.

▶ 我没有智能手表。 나는 스마트워치가 없습니다.
　 Wǒ méi yǒu zhìnéng shǒubiǎo.

　 *我不有智能手机。

2. 양사

중국어에서 명사를 셀 때 쓰는 단위를 양사라고 합니다. 중국어는 한국어와 달리 '수사+양사+명사'의 순으로 말합니다.

▶ 一本书　책 1권
　 yì běn shū

▶ 两件衣服　옷 2벌
　 liǎng jiàn yīfu

'수사+양사+명사' 앞에 '这'나 '那'가 오기도 하는데, 이때 수사 '一'는 생략할 수 있습니다.

▶ 这(一)个人 zhè (yí) ge rén 이 (한) 사람

▶ 那(一)台笔记本电脑 nà (yì) tái bǐjìběn diànnǎo 저 노트북 (1대)

---

tip 자주 사용하는 양사

个 人, 学生, 朋友, 哥哥, 姐姐, 弟弟, 妹妹, 教室, 学校, 办公室, 手机	件 衣服, 大衣 台 笔记本电脑
本 书, 词典	张 桌子, 床 双 鞋

---

3. '两'과 '二'

'两'과 '二'은 모두 '2'를 나타내지만, 양사 앞에 쓰여 개수를 나타낼 때는 '两'을 쓰고 '二'은 쓰지 않습니다.

▶两个朋友 친구 2명
　liǎng ge péngyou

▶两张纸 종이 2장
　liǎng zhāng zhǐ

그러나 두 자리수 이상의 숫자일 경우에는 양사 앞에 '二'을 사용합니다.

▶十二个学生 학생 12명
　shí'èr ge xuésheng

▶二十二本书 책 22권
　èrshí'èr běn shū

---

tip 숫자 읽기

중국어에서 1000 이하의 숫자를 읽을 때는 숫자와 자릿수를 함께 읽는데, 이는 한국어와 같습니다.
다만 100, 1000, 10000 등의 숫자는 일백, 일천, 일만으로 읽는 것에 주의해야 합니다.

一	二	三	四	五	六	七	八	九	十
yī	èr	sān	sì	wǔ	liù	qī	bā	jiǔ	shí

十一　十二 …… 二十　二十一 …… 二十九 …… 九十 …… 九十九
shíyī　shí'èr　èrshí　èrshíyī　èrshíjiǔ　jiǔshí　jiǔshíjiǔ

一百　一百零一 …… 一百零九　一百一十　一百一十一 …… 一百一十九　一百二十 ……
yìbǎi　yìbǎi líng yī

九百九十　九百九十一 …… 九百九十九 …… 一千　一万 ……
　　　　　　　　　　　　　　　　　　　　　yìqiān　yíwàn

纸 zhǐ 명 종이

4. 의문대체사 '哪'

'哪'는 '어느', '어떤'의 의미를 나타내는 의문대체사로, 보통 수량사 앞에 쓰여 여러 사람이나 사물 가운데서 어느 하나인지를 확인할 때 사용합니다. 의문대체사를 써서 의문문을 만들 때는 문장 끝에 '吗'를 붙이지 않습니다.

▶你买哪一本书？ 너는 어떤 책을 사니?
　Nǐ mǎi nǎ yì běn shū?

▶哪(一)个好看？ 어떤 게 예뻐요?
　Nǎ (yí) ge hǎokàn?

　*哪(一)个好看吗?

5. 긍정부정의문문

서술어로 쓰인 동사나 형용사의 긍정과 부정 형식을 나란히 놓으면 의문문이 되는데, 이를 긍정부정의문문이라고 합니다.

▶你去不去图书馆？ 너는 도서관에 가니 안 가니?
　Nǐ qù bu qù túshūguǎn?

▶你是不是留学生？ 너는 유학생이니 아니니?
　Nǐ shì bu shì liúxuéshēng?

▶你有没有笔记本电脑？ 너는 노트북이 있니 없니?
　Nǐ yǒu méi yǒu bǐjìběn diànnǎo?

▶汉语难不难？ 중국어는 어렵니 안 어렵니?
　Hànyǔ nán bu nán?

6. 소유와 소속의 '的'

'的'를 사용해 사람이나 사물에 대한 소유나 소속을 나타낼 수 있는데, 보통 '인칭대체사/명사+的 +명사'의 순으로 씁니다.

▶ 这是我的手机。 이것은 내 휴대폰입니다.
Zhè shì wǒ de shǒujī.

▶ 那是我朋友的笔记本电脑。 저것은 내 친구의 노트북입니다.
Nà shì wǒ péngyou de bǐjìběn diànnǎo.

▶ 我是刘老师的学生。 나는 리우 선생님의 학생입니다.
Wǒ shì Liú lǎoshī de xuésheng.

문맥을 통해 '的' 뒤의 명사가 무엇인지 알 수 있을 때는 '的' 뒤의 명사를 생략할 수 있습니다. 이를 '的'구문이라고 부릅니다.

▶ A: 这是你的手机吗？ 이것은 네 휴대폰이니?
Zhè shì nǐ de shǒujī ma?

B: 对，这是我的。 응, 이건 내 거야.
Duì, zhè shì wǒ de.

▶ A: 这是你的笔记本电脑吗？ 이것은 네 노트북이니?
Zhè shì nǐ de bǐjìběn diànnǎo ma?

B: 这不是我的，是我朋友的。 이건 내 것이 아니라, 내 친구 거야.
Zhè bú shì wǒ de, shì wǒ péngyou de.

04 연습 문제

1. 녹음을 듣고 알맞은 답을 고르세요. 🎧 05-11

   ⑴ 我去商场买什么?

       ❶ 手机、智能手表、笔记本电脑

       ❷ 大衣、运动鞋、汉语书

       ❸ 手机、运动鞋、汉语书

   ⑵ 我同屋去商场吗?

       ❶ 他去商场。   ❷ 他不去商场。   ❸ 不知道。

2. 녹음을 듣고 질문의 답안과 일치하면 ○, 틀리면 ✕를 표시하세요. 🎧 05-12

   ⑴ 我有一双运动鞋。

   ⑵ 我没有笔记本电脑。

   ⑶ 这件衣服是我的，不是我朋友的。

3. 사진을 보고 상황에 맞게 대화를 완성해 보세요.

   ⑴

   A: 请问，有咖啡吗?

   B: _____

   ⑵

   A: 这本书是你的吗?

   B: _____

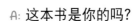

4. 다음 문장을 중국어로 써 보세요.

(1) 이것은 내 휴대폰입니다.

» _____

(2) 내 룸메이트는 코트가 없습니다.

» _____

(3) 나는 노트북 1대가 있습니다.

» _____

(4) 나는 중국 친구 2명이 있습니다.

» _____

(5) 어떤 게 예뻐요?

» _____

5. 다음 단어를 어순에 알맞게 배열해 보세요.

(1) 不 / 我 / 书 / 是 / 本 / 的 / 。

» 那 _____

(2) 也 / 同屋 / 去 / 我 / 商场 / 。

» 今天 _____

(3) 有 / 这儿 / 牛奶 / 没 / , / 。

» 对不起 _____

(4) 有(2회) / 宿舍 / 没 / 桌子 / ?

» 你们 _____

(5) 衣服 / 她 / 是 / 件 / 的 / 。

» 那 _____

중국 문화

스마트 시대! 스마트 라이프!

✦ 현금은 사양! 카드보다는 모바일로!

현재 중국에서는 현금을 거의 사용하지 않는다. 꼬깃꼬깃한 지폐와 동전을 꺼내 하나하나 계산하던 모습을 이제는 찾아보기 힘든 것이다. 그 자리를 대신한 건 QR코드와 휴대폰이다. 백화점이나 마트 같은 대형 매장뿐 아니라 저렴한 간식을 파는 작은 노점에서도 모바일 결제가 보편화되고 있다.

2020년 중국의 모바일 결제 시장 거래액은 2014년에 비해 40배나 급증했으며, 北京, 上海 Shànghǎi 등 대도시에 거주하는 주민의 월평균 소비액 중 약 80% 이상은 모바일 결제를 사용한다는 통계가 있다. 이는 중국의 까다로운 신용카드 발급 조건과 위조 화폐 사용에 대한 불안감, 급성장한 핀테크 시장이 맞물린 결과로 볼 수 있다.

✦ 온라인 결제 시스템의 선구자 —— 支付宝 Zhīfùbǎo

支付宝는 2004년 중국 알리바바 그룹이 개발한 전자금융거래 및 온라인 결제 시스템으로, 국제적으로는 '알리페이'라는 명칭으로 잘 알려져 있다. 신용카드 사용이 보편화되지 못한 중국에서 支付宝는 더욱 편리하고 안전한 결제 시스템으로 인식되어 많은 이용자들을 모을 수 있었다. 특히 알리바바 그룹의 온라인 쇼핑몰 淘宝 Táobǎo 에서 온라인 결제 시스템을 도입하면서 支付宝는 비약적으로 발전할 수 있었다. 최근에는 모바일 메신저 '위챗(微信 Wēixìn)'에 기반한 '위챗페이(微信支付 Wēixìn zhīfù)'가 중국의 대표적 온라인 결제 시스템으로 급부상하였다.

✦ SNS를 통한 개인 상거래 —— 微商 wēishāng

微商은 개인이 SNS 플랫폼을 통해 장사를 하는 방식으로, 위챗 플랫폼을 통한 거래가 가장 활발하기 때문에 붙여진 이름이다. 원래는 모바일 소셜네트워크서비스의 하나인 위챗 모멘트(朋友圈 Péngyouquān)에서 제품을 전시·구매·판매하는 방식에서 기원하였다. 위챗의 개인 모멘트를 통한 소비자 간 전자상거래(C2C)가 보편적이지만, 거래의 규모가 커지고 전통 기업들이 참여하면서 기업과 소비자간 전자상거래(B2C)로 확대되었다. 2018년에는 대만 출신의 한 연예인 부부가 微商 사업체를 통해 약 80억 위안(약 1조 3200억 원)의 매출을 기록하기도 했다.

※ 모바일 결제 관련 표현

Q 可以微信支付吗?　위챗페이로 결제할 수 있나요?
　 Kěyǐ Wēixìn zhīfù ma?

A 可以，请扫一下。　네, 가능합니다. QR코드를 스캔하세요.
　 Kěyǐ,　qǐng sǎo yíxià.

你是哪国人?

당신은 어느 나라 사람입니까?

〈학습 목표〉

❶ 국적 묻고 답하기

❷ 장소와 위치 설명하기

❸ 병렬관계 나타내기

❹ 동작의 시도 표현하기

他是我朋友。　그는 나의 친구입니다.

Tā shì wǒ péngyou.

06-01

她 Tā	그녀	老师 lǎoshī	선생님
这 Zhè	이 사람	我妹妹 wǒ mèimei	내 여동생
那 Nà	저 사람	我同学 wǒ tóngxué	내 학교 친구

A 他是谁？ 그는 누구입니까?
Tā shì shéi?

B 他是我朋友。 그는 내 친구입니다.
Tā shì wǒ péngyou.

我是韩国人。　나는 한국인입니다.

Wǒ shì Hánguórén.

06-02

她 Tā	그녀	中国人 Zhōngguórén	중국인
我同屋 Wǒ tóngwū	내 룸메이트	美国人 Měiguórén	미국인
我朋友 Wǒ péngyou	내 친구	日本人 Rìběnrén	일본인

A 你是哪国人？ 너는 어느 나라 사람이니?
Nǐ shì nǎ guó rén?

B 我是韩国人。 나는 한국인이야.
Wǒ shì Hánguórén.

同学 tóngxué 명 학우, 학교 친구, 동창 | 谁 shéi 대 누구 | 美国人 Měiguórén 고유 미국인 | 日本人 Rìběnrén 고유 일본인

문형 3

我们在教室上课。 우리는 교실에서 수업을 합니다.

 06-03
Wǒmen zài jiàoshì shàng kè.

我 Wǒ	나	家 jiā	집	休息 xiūxi	쉬다
他 Tā	그	商场 shāngchǎng	쇼핑몰	买东西 mǎi dōngxi	물건을 사다
他们 Tāmen	그들	食堂 shítáng	(구내)식당	吃饭 chī fàn	밥을 먹다

A 你们在哪儿上课? 너희들은 어디에서 수업을 하니?
Nǐmen zài nǎr shàng kè?

我们在教室上课。 우리는 교실에서 수업해. **B**
Wǒmen zài jiàoshì shàng kè.

 문형 4

我买一支笔和一个本子。 나는 펜 1자루와 노트 1권을 삽니다.

  06-04
Wǒ mǎi yì zhī bǐ hé yí ge běnzi.

一件大衣 yí jiàn dàyī	코트 1벌	一条裤子 yì tiáo kùzi	바지 1벌
一双鞋 yì shuāng xié	신발 1켤레	一顶帽子 yì dǐng màozi	모자 하나
一本书、一支笔 yì běn shū, yì zhī bǐ	책 1권, 펜 1자루	一个本子 yí ge běnzi	노트 1권

A 你买什么? 너는 무엇을 사니?
Nǐ mǎi shénme?

我买一支笔和一个本子。 나는 펜 1자루와 노트 1권을 사. **B**
Wǒ mǎi yì zhī bǐ hé yí ge běnzi.

上课 shàng//kè 동 수업하다 上汉语课 | 家 jiā 명 집, 가정 양 개, 곳 가게나 기업을 세는 단위 | 休息 xiūxi 동 쉬다, 휴식하다 | 东西 dōngxi 명 물건 | 食堂 shítáng 명 (학교·기관 안의) (구내)식당 | 吃 chī 동 먹다 | 饭 fàn 명 밥 | 支 zhī 양 자루 가늘고 긴 물건을 세는 단위 | 笔 bǐ 명 펜, 필기구 | 和 hé 전 접 ~와(과) | 本子 běnzi 명 공책, 노트 | 条 tiáo 양 벌 가늘고 긴 것을 세는 단위 | 裤子 kùzi 명 바지 | 顶 dǐng 양 개 꼭대기가 있는 것을 세는 단위 | 帽子 màozi 명 모자

请你介绍一下。 소개 좀 부탁합니다.

06-05
Qǐng nǐ jièshào yíxià.

等 děng	기다리다
看 kàn	보다
休息 xiūxi	쉬다

A 请你介绍一下。 소개 좀 부탁합니다.
Qǐng nǐ jièshào yíxià.

好的。 네, 좋습니다. **B**
Hǎo de.

介绍 jièshào 동 소개하다 | 一下(儿) yíxià(r) 수량 한 번 동사 뒤에 쓰여 '시험 삼아 한번 ~해보다, 좀 ~하다'의 뜻을 나타냄 |
等 děng 동 기다리다 | 好的 hǎo de 좋다, 좋아요

회화1 🎧 06-06

朴智敏
你好!
Nǐ hǎo!

铃木
你好! 你叫什么名字?
Nǐ hǎo!　　Nǐ jiào shénme míngzi?

朴智敏
我叫朴智敏。 你呢?
Wǒ jiào Piáo Zhìmǐn.　　Nǐ ne?

铃木
我叫铃木园子。 我是日本人。 你是哪国人?
Wǒ jiào Língmù Yuánzǐ.　　Wǒ shì Rìběnrén.　　Nǐ shì nǎ guó rén?

朴智敏
我是韩国人。 你是大学生吗?
Wǒ shì Hánguórén.　　Nǐ shì dàxuéshēng ma?

铃木
是, 我是大学生。 他是谁? 请你介绍一下。
Shì,　　wǒ shì dàxuéshēng.　　Tā shì shéi?　　Qǐng nǐ jièshào yíxià.

朴智敏
好的。 这是汤姆格兰特, 美国人。 他是我同屋。
Hǎo de.　　Zhè shì Tāngmǔ Gélántè,　　Měiguórén.　　Tā shì wǒ tóngwū.

汤姆
初次见面! 我是汤姆格兰特, 请叫我汤姆。
Chūcì jiàn miàn!　Wǒ shì Tāngmǔ Gélántè,　　qǐng jiào wǒ Tāngmǔ.

认识你, 很高兴。
Rènshi nǐ,　　hěn gāoxìng.

铃木
认识你们, 我也很高兴。
Rènshi nǐmen,　　wǒ yě hěn gāoxìng.

铃木园子 Língmù Yuánzǐ 고유 스즈키 소노코 | 大学生 dàxuéshēng 명 대학생 | 汤姆·格兰特 Tāngmǔ Gélántè 고유
톰 그랜트 | 初次 chūcì 명 처음, 첫 번째 | 见面 jiàn//miàn 동 만나다 和老师见面, 见老师的面 | 认识 rènshi 동 (사람을)
알다, 인식하다 | 高兴 gāoxìng 형 기쁘다, 즐겁다

铃木
你在哪儿做作业？
Nǐ zài nǎr zuò zuòyè?

朴智敏
我在图书馆做作业。你也在图书馆做作业吗？
Wǒ zài túshūguǎn zuò zuòyè.　Nǐ yě zài túshūguǎn zuò zuòyè ma?

铃木
我不在图书馆做作业，我在宿舍做作业。
Wǒ bú zài túshūguǎn zuò zuòyè,　wǒ zài sùshè zuò zuòyè.

你在哪儿吃饭？
Nǐ zài nǎr chī fàn?

朴智敏
我在学校食堂吃饭。
Wǒ zài xuéxiào shítáng chī fàn.

铃木
你现在去哪儿？
Nǐ xiànzài qù nǎr?

朴智敏
我去商场。
Wǒ qù shāngchǎng.

铃木
你买什么？
Nǐ mǎi shénme?

朴智敏
我买一支笔和一个本子。
Wǒ mǎi yì zhī bǐ hé yí ge běnzi.

회화 확인 학습	1. 소노코의 현재 신분은 무엇입니까?		
	① 老师	② 大学生	③ 职员
	2. 박지민의 룸메이트는 어느 나라 사람입니까?		
	① 韩国	② 日本	③ 美国
	3. 소노코는 어디에서 숙제를 합니까?		
	① 宿舍	② 图书馆	③ 学校食堂

在 zài 전 ~에, ~에서 동 ~에 있다 | 现在 xiànzài 명 지금, 현재

介绍

你们好！认识你们很高兴。我来介绍一下，我是韩
Nǐmen hǎo! Rènshi nǐmen hěn gāoxìng. Wǒ lái jièshào yíxià, wǒ shì Hán

国留学生朴智敏。我在韩国的一所大学读书。我的爱好
guó liúxuéshēng Piáo Zhìmǐn. Wǒ zài Hánguó de yì suǒ dàxué dú shū. Wǒ de àihào

是听音乐、玩游戏。我现在学习汉语。学习汉语比较难，
shì tīng yīnyuè, wán yóuxì. Wǒ xiànzài xuéxí Hànyǔ. Xuéxí Hànyǔ bǐjiào nán,

但是很有意思。请大家多多指教。
dànshì hěn yǒu yìsi. Qǐng dàjiā duōduō zhǐjiào.

来 lái 동 하다, 오다 동사 앞에 놓여 어떤 일을 하려는 것을 나타냄 | 所 suǒ 양 개, 곳 병원, 학교 등을 세는 단위 | 大学 dàxué 명 대학 | 读书 dú//shū 동 책을 읽다, 공부하다, 학교에 다니다 读三年书 | 爱好 àihào 명 취미 | 玩(儿) wán(r) 동 놀다, 놀이하다 | 游戏 yóuxì 명 게임 이전에는 '놀이'라는 뜻으로 쓰였으나, 지금은 주로 모바일 게임(手机游戏 shǒujī yóuxì) 또는 온라인 게임(网络游戏 wǎngluò yóuxì) 등을 의미함 | 玩游戏 wán yóuxì 게임하다, 모바일 게임 또는 온라인 게임을 하다 | 比较 bǐjiào 부 비교적, 꽤 | 但是 dànshì 접 그러나 | 有意思 yǒu yìsi 재미있다, 흥미 있다 | 指教 zhǐjiào 동 가르치다, 지도하다

这是我朋友汤姆和铃木, 他们也是留学生。 我们是
Zhè shì wǒ péngyou Tāngmǔ hé Língmù, tāmen yě shì liúxuéshēng.　　Wǒmen shì

同班同学。汤姆是美国人, 铃木是日本人。我们都学习
tóngbān tóngxué.　Tāngmǔ shì Měiguórén,　　Língmù shì Rìběnrén.　　Wǒmen dōu xuéxí

汉语。我们学习很努力。我们在教室上课, 在食堂吃饭,
Hànyǔ.　　Wǒmen xuéxí hěn nǔlì.　　Wǒmen zài jiàoshì shàng kè,　zài shítáng chī fàn,

在商场买东西, 在宿舍休息。
zài shāngchǎng mǎi dōngxi, zài sùshè xiūxi.

독해 확인 학습

1. 다음 중 나의 취미는 무엇입니까?
　① 读书　　　　　　② 听音乐　　　　　　③ 学习汉语

2. 소노코는 어느 나라 사람입니까?
　① 韩国　　　　　　② 美国　　　　　　③ 日本

3. 나의 룸메이트는 어디에서 밥을 먹습니까?
　① 食堂　　　　　　② 商场　　　　　　③ 宿舍

同班 tóngbān 명 같은 반 | 努力 nǔlì 형 노력하다, 열심히 하다

1. 의문대체사 '谁'

'谁'는 상대가 누구인지를 물어볼 때 사용하는 의문대체사로 한국어의 '누구'처럼 주어와 목적어 자리에 모두 올 수 있습니다.

▶ 谁是你妈妈? 누가 너희 엄마니?
 Shéi shì nǐ māma?

▶ 他是谁? 그는 누구입니까?
 Tā shì shéi?

사람을 물을 때 쓰는 '谁'는 '的'와 결합하여 '누구 것(谁的)'이라는 뜻을 표현할 수 있습니다.

▶ 这是谁的? 이건 누구 것입니까?
 Zhè shì shéi de?

2. 동사 '在'와 전치사 '在'

'在'는 '있다'라는 의미의 동사로도 쓰이고 '~에/에서'라는 의미의 전치사로도 쓰입니다. '在'가 동사일 경우 '在+O장소'의 어순으로 쓰이며, '在'가 전치사일 경우 '[在+O장소]+V'로 쓰입니다. 전치사구 '在+O장소'는 서술어 앞에서 부사어 역할을 하며, 부정문은 '不'를 전치사구 앞에 놓아 '不+[在+O장소]+V' 형식으로 써야 합니다.

▶ 我在家。 나는 집에 있습니다.
 Wǒ zài jiā.

▶ 我在家休息。 나는 집에서 쉽니다.
 Wǒ zài jiā xiūxi.

▶ 他不在家。 그는 집에 있지 않습니다. (그는 집에 없습니다.)
 Tā bú zài jiā.

▶ 他不在家看书。 그는 집에서 책을 보지 않습니다.
 Tā bú zài jiā kàn shū.

3. 접속사 '和'

'和'는 병렬관계를 나타내는 접속사로 '~와/과'의 의미를 나타냅니다. 병렬되는 것이 둘일 경우 둘 사이에 '和'를 쓰고, 셋 이상일 경우에는 앞에 오는 단어 사이에 모점(、)을 찍고 마지막 둘 사이에 '和'를 씁니다.

▶我买一支笔和一个本子。 나는 펜 1자루와 노트 1권을 삽니다.
　Wǒ mǎi yì zhī bǐ hé yí ge běnzi.

▶我买一支笔、一本书和一个本子。 나는 펜 1자루와 책 1권과 노트 1권을 삽니다.
　Wǒ mǎi yì zhī bǐ, yì běn shū hé yí ge běnzi.

4. 수량사 '一下'

'一下'는 수량사로 '한 번'이라는 의미를 나타냅니다. 주로 동사 뒤에 놓여 '시험 삼아 한 번 ~해보다'라는 시도의 뜻으로 쓰이거나, 동작의 지속 시간이 짧음을 나타내는 '좀 ~하다'라는 뜻으로 쓰입니다. 문장 맨 앞에 '请'을 쓰면 좀 더 공손하게 요구하는 표현이 됩니다.

▶我来介绍一下。 제 소개를 좀 해보겠습니다.
　Wǒ lái jièshào yíxià.

▶请你看一下。 한 번 봐주세요.
　Qǐng nǐ kàn yíxià.

04 연습 문제

1. 녹음을 듣고 알맞은 답을 고르세요. 06-09

   (1) 朴智敏在哪儿做作业?

   ❶ 宿舍　　　　　　❷ 学校食堂　　　　　　❸ 图书馆

   (2) 朴智敏现在去哪儿?

   ❶ 图书馆　　　　　　❷ 商场　　　　　　❸ 学校食堂

2. 녹음을 듣고 질문의 답안과 일치하면 ○, 틀리면 ×를 표시하세요. 06-10

   (1) 他是我同屋。

   (2) 我们在教室上课。

   (3) 我买一本书、一支笔和一个本子。

3. 사진을 보고 상황에 맞게 대화를 완성해 보세요.

   (1)

   A: 他去商场买什么?

   B: _____

   (2)

   A: 你在哪儿吃饭?

   B: _____

4. 다음 문장을 중국어로 써 보세요.

(1) 그는 나의 친구입니다.

>> _____

(2) 내 룸메이트는 미국인입니다.

>> _____

(3) 나는 집에서 쉽니다.

>> _____

(4) 나는 신발 1켤레와 모자 하나를 삽니다.

>> _____

(5) 잠시만 기다려 주세요.

>> _____

5. 다음 단어를 어순에 알맞게 배열해 보세요.

(1) 我 / 是 / 妹妹 / 。

>> 这 _____

(2) 是 / 日本人 / 朋友 / 。

>> 我 _____

(3) 教室 / 上课 / 在 / 。

>> 我们 _____

(4) 介绍 / 你 / 一下 / 。

>> 请 _____

(5) 一件 / 一条 / 和 / 买 / 裤子 / 大衣 / 。

>> 我 _____

중국 문화

중국어의 외래어 표기

✦ 중국어로 스타벅스가 뭐지?

스타벅스의 중국어 표현은 '星巴克 Xīngbākè'이다. 상점의 간판은 영어로 표시해도 일상 대화에서는 대부분 '星巴克'로 말한다. '星'은 '스타'의 '별'이라는 뜻을, '巴克'는 '벅스'의 소리를 표현한다. 뜻글자인 한자에 소리까지 더하여 새로운 외래어를 만든 것이다. 소리글자인 한글과 달리 한자는 외래어를 그대로 표현하기가 쉽지 않다. 그래서 중국어 외래어는 소리 또는 뜻을 각각 가져와 쓰기도 하지만, 소리와 뜻을 함께 고려하여 단어를 만드는 경우도 적지 않다. 예컨대, '可口可乐 Kěkǒu kělè'는 코카콜라의 소리를 가져온 외래어지만, 그 속에는 '입에도 맞고 먹으면 즐겁다'는 뜻이 포함되어 있다. 비타민의 중국어 표현인 '维他命 wéitāmìng'은 '생명을 유지시킨다'는 뜻이다. 이처럼 중국어 외래어는 소리뿐 아니라 뜻까지 생각해보는 재미가 있다.

◟ 발음에 따라 번역한 외래어

외래어	발음	뜻	외래어	발음	뜻
咖啡	kāfēi	커피	拿铁	nátiě	라떼
沙发	shāfā	소파	巧克力	qiǎokèlì	초콜릿
贝多芬	Bèiduōfēn	베토벤	芒果	mángguǒ	망고
咖喱	gālí	카레	加拿大	Jiānádà	캐나다
布丁	bùdīng	푸딩	谷歌	Gǔgē	구글

◟ 뜻을 중심으로 번역한 외래어

외래어	발음	뜻	외래어	발음	뜻
热狗	règǒu	핫도그	快餐	kuàicān	패스트푸드
手机	shǒujī	휴대폰	蓝牙	lányá	블루투스
鸡尾酒	jīwěijiǔ	칵테일	蓝领	lánlǐng	블루칼라
微软	Wēiruǎn	마이크로소프트	白领	báilǐng	화이트칼라
红牛	Hóngniú	레드불	超市	chāoshì	슈퍼마켓

- 발음은 기본, 숨은 뜻까지 담은 외래어 상표

외래어	발음	상표명	뜻
百事可乐	Bǎishì kělè	펩시콜라	모든 일이 즐거워져요
易买得	Yìmǎidé	이마트	쉽게 살 수 있어요
奔驰	Bēnchí	벤츠(자동차)	질주하는 자동차
乐天	Lètiān	롯데	즐거운 날들
家乐福	Jiālèfú	까르푸	기쁨과 행복이 가득한 집
必胜客	Bìshèngkè	피자헛	반드시 승리하는 손님
多乐之日	Duōlèzhīrì	뚜레주르	즐거움이 가득한 날
赛百味	Sàibǎiwèi	서브웨이	갖가지 맛의 향연
宜家	Yíjiā	이케아	화목한 가정
耐克	Nàikè	나이키	견디고 이겨내다

복습

-제1~6과-

단어 · 문장 · 주요 표현

단어 확인 학습

>> 빈칸에 알맞은 한자나 汉语拼音 또는 뜻을 채워 보세요.

제1과

	단어	汉语拼音	뜻
1		nǐ	대 너, 당신
2		nín	대 당신 '你'를 높여 부르는 말
3		dàjiā	대 모두, 여러분
4	早上		명 아침
5	晚上		명 저녁, 밤
6	老师		명 선생님
7	好	hǎo	
8	见	jiàn	
9	再见	zàijiàn	
10	明天	míngtiān	

제2과

	단어	汉语拼音	뜻
1		wǒ	대 나
2		tāmen	대 그들, 그(저) 사람들
3		bàba	명 아빠, 아버지
4		māma	명 엄마, 어머니
5		zhè	대 이
6	儿子		명 아들
7	朋友		명 친구
8	吗		조 ~입니까?, ~합니까? 의문을 나타냄

9	弟弟		명 남동생
10	妹妹		명 여동생
11	是	shì	
12	不	bù	
13	那	nà	
14	哥哥	gēge	
15	姐姐	jiějie	

제3과

	단어	汉语拼音	뜻
1		guìxìng	명 성함 존칭
2		nán	형 어렵다
3		máng	형 바쁘다
4		xièxie	동 감사합니다, 고맙습니다
5		xuéxí	동 배우다, 공부하다
6	什么		대 무엇
7	身体		명 몸, 건강
8	名字		명 이름
9	做		동 하다
10	写		동 쓰다
11	叫	jiào	
12	很	hěn	
13	呢	ne	

14	看	kàn	
15	听	tīng	

제4과

	단어	汉语拼音	뜻
1		nǎr	대 어디, 어느 곳
2		diànyǐng	명 영화
3		duì	형 맞다, 옳다
4		zhīdào	동 알다
5		dōu	부 모두, 다
6	不用		부 ~할 필요가 없다
7	对不起		미안합니다
8	没关系		상관없다, 괜찮다
9	留学生		명 유학생
10	这儿		대 여기, 이곳
11	在	zài	
12	也	yě	
13	不太	bú tài	
14	大	dà	
15	多	duō	

제5과

	단어	汉语拼音	뜻
1		(zhìnéng) shǒujī	몡 휴대폰, (스마트)폰
2		bǐjìběn (diànnǎo)	몡 노트북 (컴퓨터)
3		qǐng wèn	말씀 좀 여쭙겠습니다, 실례합니다
4		shāngchǎng	몡 쇼핑몰, 대형 마트
5		jiàn	옝 벌, 건, 개 일, 사건, 개체 등을 세는 단위
6	运动鞋		몡 운동화
7	双		옝 켤레 짝을 이뤄 사용하는 물건을 세는 단위
8	同屋		몡 룸메이트
9	好看		혱 예쁘다, 보기 좋다
10	没(有)		뷔 (소유하지) 않다
11	个	ge	
12	哪	nǎ	
13	有	yǒu	
14	最	zuì	
15	贵	guì	

제6과

	단어	汉语拼音	뜻
1		xiūxi	됭 쉬다, 휴식하다
2		dú//shū	됭 책을 읽다, 공부하다, 학교에 다니다
3		zhǐjiào	됭 가르치다, 지도하다
4		dànshì	졉 그러나

5		jiàn//miàn	동 만나다
6	爱好		명 취미
7	认识		동 (사람을) 알다, 인식하다
8	上课		동 수업하다
9	努力		형 노력하다, 열심히 하다
10	裤子		명 바지
11	谁	shéi	
12	吃	chī	
13	介绍	jièshào	
14	高兴	gāoxìng	
15	同学	tóngxué	

문장 확인 학습

>> 각 문장에서 빈칸에 알맞은 한자나 汉语拼音 또는 뜻을 채워 보세요.

제1과

문장	汉语拼音	뜻
你好！		
	Lǎoshī hǎo!	
再见！		

제2과

문장	汉语拼音	뜻
	Nǐ shì xuésheng ma?	
他们是老师。		
这是我妈妈。		

제3과

문장	汉语拼音	뜻
	Nǐ jiào shénme míngzi?	
我学习汉语。		
	Nǐ shēntǐ hǎo ma?	

제4과

문장	汉语拼音	뜻
教室在哪儿？		
	Wǒ gōngzuò bú tài máng.	
我们都学习汉语。		

제5과

문장	汉语拼音	뜻
我有一个手机。		
	Nǐ qù bu qù túshūguǎn?	
	Zhè běn shū bú shì wǒ de, shì wǒ péngyou de.	

제6과

문장	汉语拼音	뜻
	Tā shì shéi?	
	Nǐ shì nǎ guó rén?	
我们在教室上课。		

주요 표현 확인 학습

>> 보기에서 알맞은 한자를 찾아 문장을 완성해 보세요.

제1과

보기	明天　　大家　　您　　晚上

① ＿＿＿＿＿＿好！　여러분, 안녕하세요!

② ＿＿＿＿＿＿好！　안녕하세요!

③ ＿＿＿＿＿＿见！　저녁에 만나요!

④ ＿＿＿＿＿＿见！　내일 보자!

제2과

보기	不　　那　　吗　　是

① 她是老师＿＿＿＿＿＿？　그녀는 선생님이니?

② ＿＿＿＿＿＿是我朋友。　걔는 내 친구야.

③ 我＿＿＿＿＿＿学生。　나는 학생이야.

④ 她＿＿＿＿＿＿是老师。　그녀는 선생님이 아니야.

제3과

보기	什么　　贵姓　　身体　　很

① 您＿＿＿＿＿＿？　당신 성함이 어떻게 되십니까?

② 你学习＿＿＿＿＿＿？　너는 무엇을 공부하니?

③ 我＿＿＿＿＿＿忙。　나 바빠.

④ 我＿＿＿＿＿＿很好。　나 건강해.

제4과

보기 | 太　都　哪儿　也

① 你在＿＿＿＿＿＿？　너 어디에 있니?

② 我＿＿＿＿＿学习汉语。　나도 중국어를 공부해.

③ 我工作不＿＿＿＿＿忙。　나는 일이 그다지 바쁘지 않아.

④ 我们也＿＿＿＿是学生。　우리도 모두 학생이야.

제5과

보기 | 的　哪　本　没

① 我买这(一)＿＿＿＿书。　나는 이 책을 사.

② 这儿＿＿＿＿有智能手表。　여기에는 스마트워치가 없습니다.

③ 你买＿＿＿＿(一)件衣服?　너는 어떤 옷을 사니?

④ 那台笔记本电脑是我朋友＿＿＿＿。　저 노트북은 내 친구 거야.

제6과

보기 | 哪儿　和　在　一下

① 我买一支笔＿＿＿＿一个本子。　나는 펜 1자루와 공책 1권을 사.

② 你们在＿＿＿＿上课?　너희들은 어디에서 수업을 하니?

③ 我来介绍＿＿＿＿。　제 소개를 좀 해보겠습니다.

④ 我们＿＿＿＿家休息。　우리는 집에서 쉽니다.

你家有几口人?

너네 집은 식구가 몇 명 있니?

《학습 목표》

① 가족 수, 가족 상황 묻고 답하기
② 나이 묻고 답하기
③ 직업 묻고 답하기

문형 ①

你有几个姐姐? 너는 누나(언니)가 몇 명 있니?
Nǐ yǒu jǐ ge jiějie?

08-01

妹妹 mèimei	여동생
弟弟 dìdi	남동생
哥哥 gēge	형(오빠)

A 你有几个姐姐? 너는 누나(언니)가 몇 명 있니?
Nǐ yǒu jǐ ge jiějie?

我有两个姐姐。 나는 누나(언니)가 두 명 있어. **B**
Wǒ yǒu liǎng ge jiějie.

문형 ②

你今年多大? 너는 올해 몇 살이니?
Nǐ jīnnián duō dà?

08-02

他 Tā	그
她 Tā	그녀
妹妹 Mèimei	여동생

A 你今年多大? 너는 올해 몇 살이니?
Nǐ jīnnián duō dà?

我今年二十二。 나는 올해 22살이야. **B**
Wǒ jīnnián èrshí'èr.

几 jǐ 수 몇 10 미만의 적은 수를 물음 | 今年 jīnnián 명 올해, 금년 | 年 nián 명 해, 년 | 多 duō 부 얼마나 의문문에 쓰여 정도를 물음 | 大 dà 형 (나이가) 많다

③ 我爸爸在大学工作。 우리 아빠는 대학에서 일하십니다.

 Wǒ bàba zài dàxué gōngzuò.
08-03

妈妈 mmāma	엄마	银行 yínháng	은행
妹妹 mèimei	여동생	咖啡厅 kāfēitīng	커피숍
弟弟 dìdi	남동생	商场 shāngchǎng	마트

A 你爸爸在哪儿工作? 너희 아빠는 어디에서 일하시니?
Nǐ bàba zài nǎr gōngzuò?

我爸爸在大学工作。 우리 아빠는 대학에서 일하셔. **B**
Wǒ bàba zài dàxué gōngzuò.

 ④ 她是贸易公司的职员。 그녀는 무역회사 직원입니다.

 Tā shì màoyì gōngsī de zhíyuán.
08-04

北京医院 Běijīng yīyuàn	베이징 병원	医生 yīshēng	의사
市政府 shìzhèngfǔ	시청	公务员 gōngwùyuán	공무원
电脑公司 diànnǎo gōngsī	컴퓨터 회사	职员 zhíyuán	직원

A 她做什么工作? 그녀는 무슨 일을 합니까?
Tā zuò shénme gōngzuò?

她是贸易公司的职员。 그녀는 무역회사 직원입니다. **B**
Tā shì màoyì gōngsī de zhíyuán.

银行 yínháng 명 은행 | 咖啡厅 kāfēitīng 명 커피숍 | 贸易 màoyì 명 무역 | 公司 gōngsī 명 회사 | 北京 Běijīng 고유 베이징 | 医院 yīyuàn 명 병원 | 医生 yīshēng 명 의사 | 市政府 shìzhèngfǔ 명 시청 | 公务员 gōngwùyuán 명 공무원

这是我的手机。 이것은 내 휴대폰입니다.
Zhè shì wǒ de shǒujī.

08-05

他 tā	그	笔记本电脑 bǐjìběn diànnǎo	노트북
金允瑞 Jīn Yǔnruì	김윤서	汉语书 Hànyǔ shū	중국어책
刘老师 Liú lǎoshī	리우 선생님	笔 bǐ	펜

A 这是谁的手机? 이것은 누구의 휴대폰입니까?
Zhè shì shéi de shǒujī?

这是我的手机。 이것은 내 휴대폰입니다. **B**
Zhè shì wǒ de shǒujī.

金允瑞 Jīn Yǔnruì 고유 김윤서

독해1 🎧 08-06

我家有三口人，爸爸、妈妈和我。我爸爸是大学老师。
Wǒ jiā yǒu sān kǒu rén, bàba, māma hé wǒ. Wǒ bàba shì dàxué lǎoshī.

我妈妈不工作，她是家庭主妇。我没有兄弟姐妹。我是
Wǒ māma bù gōngzuò, tā shì jiātíng zhǔfù. Wǒ méi yǒu xiōngdì jiěmèi. Wǒ shì

中文系的学生。
Zhōngwénxì de xuésheng.

독해1 확인 학습	1. 나의 가족 구성원이 <u>아닌</u> 사람은 누구입니까?

    ① 妈妈　　　　　　　　② 爸爸　　　　　　　　③ 哥哥

  2. 나의 어머니에 해당하지 <u>않는</u> 것은 무엇입니까?

    ① 家庭主妇　　　　　　② 不工作　　　　　　　③ 没有兄弟姐妹

口 kǒu 양 명, 식구 식구를 세는 단위 | **家庭主妇** jiātíng zhǔfù 명 가정주부 | **兄弟** xiōngdì 명 형제 | **姐妹** jiěmèi 명 자매
| **中文** Zhōngwén 명 중국어문학, 중국의 언어와 문자 | **系** xì 명 학과

我爱的人

我家一共有五口人， 爸爸、 妈妈、 一个姐姐、 一个
Wǒ jiā yígòng yǒu wǔ kǒu rén,　　bàba,　　māma,　　yí ge jiějie,　　yí ge

弟弟和我。 我爸爸是银行职员， 他在韩国银行工作， 今
dìdi hé wǒ.　　Wǒ bàba shì yínháng zhíyuán,　　tā zài Hánguó yínháng gōngzuò,　　jīn

年五十三岁。 我妈妈是大学老师， 她在大学工作， 今年
nián wǔshísān suì.　　Wǒ māma shì dàxué lǎoshī,　　tā zài dàxué gōngzuò,　　jīnnián

五十岁。 我姐姐在贸易公司工作， 今年二十五岁。 我弟弟
wǔshí suì.　　Wǒ jiějie zài màoyì gōngsī gōngzuò,　　Jīnnián èrshíwǔ suì.　　Wǒ dìdi

是高中生， 今年十八岁。 我在大学学习， 是中文系的学
shì gāozhōngshēng, jīnnián shíbā suì.　　Wǒ zài dàxué xuéxí,　　shì Zhōngwénxì de xué

生， 我学习汉语。 哦! 对了， 我家还有一只小狗。
sheng, wǒ xuéxí Hànyǔ.　　Ò!　　Duì le,　　wǒ jiā hái yǒu yì zhī xiǎogǒu.

爱 ài 동 사랑하다 | 一共 yígòng 부 전부, 모두 | 韩国银行 Hánguó yínháng 고유 한국은행 | 岁 suì 양 세, 살 나이를 세
는 단위 | 高中生 gāozhōngshēng 명 고등학생 | 哦 ò 감 아! | 还 hái 부 또, 더 | 只 zhī 양 마리 동물을 세는 단위 | 小
狗 xiǎogǒu 명 강아지

我有一个中国朋友，她叫张燕。她说她家一共有三
Wǒ yǒu yí ge Zhōngguó péngyou, tā jiào Zhāng Yàn. Tā shuō tā jiā yígòng yǒu sān

口人。她爸爸在北京图书馆工作，她妈妈是北京医院的
kǒu rén. Tā bàba zài Běijīng túshūguǎn gōngzuò, tā māma shì Běijīng yīyuàn de

医生。她没有兄弟姐妹，她是独生女。
yīshēng. Tā méi yǒu xiōngdì jiěmèi, tā shì dúshēngnǚ.

독해 2 확인 학습

1. 나의 언니는 어느 회사에 다닙니까?
　① 银行　　　　　② 贸易公司　　　　　③ 电脑公司

2. 나의 남동생은 몇 살입니까?
　① 十三岁　　　　② 十五岁　　　　　③ 十八岁

3. 장옌의 어머니는 어디에서 일을 합니까?
　① 北京医院　　　② 北京图书馆　　　③ 北京大学

张燕 Zhāng Yàn 고유 장옌 | 说 shuō 동 말하다 | 独生女 dúshēngnǚ 명 외동딸

03 문법 학습

1. 의문대체사 '几'와 '什么'

'几'는 '몇'이라는 의미로, 일반적으로 10 미만의 적은 수량을 물어볼 때 사용합니다. 가족의 수를 물어볼 때도 사용합니다.

▶ 你家有几口人？ 너네 집은 식구가 몇 명 있니?
　　Nǐ jiā yǒu jǐ kǒu rén?

▶ 你有几个姐姐？ 너는 누나(언니)가 몇 명 있니?
　　Nǐ yǒu jǐ ge jiějie?

▶ 你有几本书？ 너는 책이 몇 권 있니?
　　Nǐ yǒu jǐ běn shū?

가족 구성원을 물어볼 때는 보통 '你家都有什么人？'이라고 합니다. 이때 '什么'는 '어떤'이라는 뜻으로 의문을 나타냅니다.

▶ 你家都有什么人？ 너네 집은 모두 어떤 사람이 있니? (가족이 누구누구 있니? / 가족이 어떻게 되니?)
　　Nǐ jiā dōu yǒu shénme rén?

▶ 我家有爸爸、妈妈、哥哥和我。 우리집에는 아빠, 엄마, 형(오빠)과 내가 있어.
　　Wǒ jiā yǒu bàba, māma, gēge hé wǒ.

직업을 물어볼 때는 보통 '你做什么工作？'라고 하며, '你在哪儿工作？'라는 표현도 사용할 수 있습니다.

▶ 你做什么工作？ 너는 어떤 일을 하니? (너는 직업이 뭐니?)
　　Nǐ zuò shénme gōngzuò?

▶ 我是汉语老师。 나는 중국어 선생님이야.
　　Wǒ shì Hànyǔ lǎoshī.

2. '多+형용사' 의문문

'多'가 1음절 형용사 앞에 쓰이면 정도나 수량을 묻는 의문사가 됩니다.

▶ 你多大? 너는 몇 살이니?
Nǐ duō dà?

▶ 你多高? 너는 키가 얼마나 돼?
Nǐ duō gāo?

---

tip 나이를 묻는 표현

- A: 你今年几岁? 너는 올해 몇 살이니? [10세 미만의 아이에게 묻는 경우]
Nǐ jīnnián jǐ suì?

  B: 我六岁。 나는 6살이에요.
Wǒ liù suì.

- A: 你今年多大? 넌 올해 몇 살이야? [동년배나 나이가 비슷한 사람에게 묻는 경우]
Nǐ jīnnián duō dà?

  B: 我二十一岁。 난 21살이야.
Wǒ èrshíyī suì.

- A: 您今年多大年纪? 어르신은 올해 연세가 어떻게 되세요? [나이가 많은 어르신께 묻는 경우]
Nín jīnnián duō dà niánjì?

  B: 我七十五岁。 나는 75살이네.
Wǒ qīshíwǔ suì.

---

3. 관형어와 구조조사 '的'

관형어는 주로 명사를 수식하며, 수식을 받는 성분 앞에 옵니다. '的'는 우리말의 '~의', '~한'의 의미를 나타냅니다.

▶ 我的书 wǒ de shū 내 책

▶ 他的手机 tā de shǒujī 그의 휴대폰

▶ 我们的宿舍 wǒmen de sùshè 우리 기숙사

高 gāo 형 (키가) 크다 | 年纪 niánjì 명 나이, 연령

관형어(인칭대체사)가 가족이나 친구, 소속 기관을 수식하는 경우에는 일반적으로 '的'를 사용하지 않습니다.

- ▶ 我妈妈 wǒ māma 우리 엄마
- ▶ 我朋友 wǒ péngyou 내 친구
- ▶ 我们班 wǒmen bān 우리 반

관형어(명사)가 수식을 받는 성분의 성질을 나타내는 경우에는 '的'를 사용하지 않습니다.

- ▶ 汉语书 Hànyǔ shū 중국어책
- ▶ 汉语老师 Hànyǔ lǎoshī 중국어 선생님
- ▶ 韩国人 Hánguórén 한국인

04 연습 문제

1. 녹음을 듣고 알맞은 답을 고르세요. 08-08

   (1) 我家有几口人？

   ❶ 两口人　　　　　❷ 三口人　　　　　❸ 四口人

   (2) 我爸爸在哪儿工作？

   ❶ 大学　　　　　❷ 贸易公司　　　　　❸ 北京医院

2. 녹음을 듣고 질문의 답안과 일치하면 ○, 틀리면 ✕를 표시하세요. 08-09

   (1) 我有两个弟弟。

   (2) 她是电脑公司的职员。

   (3) 这是刘老师的笔记本电脑。

3. 사진을 보고 상황에 맞게 대화를 완성해 보세요.

   (1)

   A: 她家都有什么人？

   B: _____

   (2)

   A: 你妹妹在哪儿工作？

   B: _____

4. 다음 문장을 중국어로 써 보세요.

(1) 너는 여동생이 몇 명 있니?

>> _____

(2) 그녀는 올해 몇 살이니?

>> _____

(3) 내 여동생은 대학에서 일합니다.

>> _____

(4) 그녀는 베이징 병원 의사입니다.

>> _____

(5) 이것은 그의 노트북입니다.

>> _____

5. 다음 단어를 어순에 알맞게 배열해 보세요.

(1) 个 / 哥哥 / 有 / 两 / 。

>> 我 _____

(2) 二(2회) / 今年 / 十 / 岁 / 。

>> 我 _____

(3) 银行 / 在 / 工作 / 爸爸 / 。

>> 我 _____

(4) 的 / 贸易 / 职员 / 是 / 公司 / 。

>> 她 _____

(5) 书 / 的 / 刘 / 汉语 / 是 / 老师 / 。

>> 这 _____

중국 문화

중국의 인구정책과 세대

✦ 중국의 출산정책 변화

중국은 인구 조절 정책을 강력히 시행해 온 국가이다. 1949년 10월 1일, 毛泽东의 중화인민공화국 수립 선포 당시 5억 4천만여 명이었던 중국 인구는 1976년까지 9억 4천만여 명으로 2배 가까이 증가했는데, 이는 출산을 통해 노동력과 생산력 증대를 꾀한 국가 정책에서 그 원인을 찾을 수 있다. 이 시기 중국 정부는 자녀가 많을 수록 복이 많다는 '多子多福 duō zǐ duō fú' 개념을 지지하며 출산을 적극 장려했다. 그러다 1979년부터는 급격히 증가하는 인구를 억제하기 위해 국가 차원에서 만혼을 장려하며 하나만 낳아 잘 기르자는 한 자녀 정책(一孩政策 yī hái zhèngcè)을 도입했다. 출산을 엄격하게 제한하던 시기를 지나 급속한 경제 성장을 바탕으로 삶의 질이 대폭 개선되고, 一孩政策의 부작용이 사회 문제로 대두되면서 중국의 출산 제한 정책은 점차 완화되었다. 1990년대 후반부터 부부가 둘 다 외동이면 둘째를 허용하는 '双独二孩 shuāng dú èr hái' 정책이 시행되었고, 2013년부터는 부부 중 한 명만 외동이면 자녀 둘을 낳을 수 있는 '单独二孩 dān dú èr hái' 정책을 허용했으며, 2016년부터는 모든 가정에 자녀 둘을 허용하는 '全面二孩 quánmiàn èr hái' 정책을 시행했다.

※ 중국의 출산정책 구호
- 70년대: "晚婚 wǎn hūn、晚育 wǎn yù、少生 shǎo shēng、优生 yōu shēng"
  늦게 결혼해서 늦게 출산하고, 적게 낳되, 건강한 아이를 낳자!
- 80~90년대: "只生一个好 zhǐ shēng yí ge hǎo"
  하나만 낳아 잘 기르자!

✦ 한 자녀 정책의 부작용

산아제한 정책의 강력한 규제는 다양한 부작용 문제를 낳았다. 대표적인 예로 대규모 '黑孩子 hēi háizi'의 출현을 들 수 있다. 한 자녀 정책을 어길 시 '초과 출산 벌금(2000년 이후 '사회 부양비'로 이름이 변경되었음)' 명목으로 거액의 벌금이 부과되는데, 이를 피하기 위해 둘째를 낳고도 아이를 호적에 올리지 않는 현상이 대거 발생했다. 이러한 호적이 없는 아이들을 '黑孩子'라고 한다. 이들 중 일부는 성인이 되어서도 호적이 없기 때문에 교육 및 복지 혜택을 전혀 받지 못하고 있다. 2010년 시행한 제6차 인구 주택 총 조사에 따르면, 호적에 오르지 못한 인구는 1,300만 명에 달한다. 이 밖에도, 한 자녀 정책은 전통적인 남아 선호 사상과 맞물려 심각한 남녀 성비 불균형을 초래했다. 2019년 기준, 중국의 15세 이상 미혼 남녀 성비는 152:95로, 이는 미혼 여성 100명당 미혼 남성 약 153명을 의미하여 중국의 남녀 성비 불균형이 심각한 상황임을 보여준다. 남녀 성비 불균형은 혼인율, 출산율과도 직접 연관되는 문제이기 때문에, 이를 해결하기 위한 정부 차원의 노력과 정책이 이어지고 있다.

✦ 산아제한(计划生育 jìhuà shēngyù)은 역사 속으로

2021년 중국 정부는 모든 가정에 3자녀를 허용하고, 정책 위반에 따른 불이익을 없앤다는 발표를 통해 1979년부터 유지해온 산아제한 정책을 사실상 폐지하였다. 인구의 감소세가 예상보다 급격하여 기존의 사회시스템을 유지할 적정 인구가 부족하게 되고, 출산율 감소로 인해 사회 고령화가 빠르게 진행되고 있기 때문이다. 심지어 향후 45년 이내에 인구가 절반으로 줄어들 것이라는 전망도 나온다. 중국의 인구 감소는 경제적 압박, 집값 상승, 남아선호에 따른 성비 불균형, 빈부격차 등의 문제와 복합적으로 얽혀 있어 대책 마련이 쉽지 않은 상황이다.

✦ 八零后 bālínghòu? 零零后 línglínghòu?

X세대, Z세대, MZ세대처럼 중국에서는 개혁·개방 이후 특정 세대를 대표하는 용어로 '八零后 bālínghòu', '九零后 jiǔlínghòu', '零零后 línglínghòu'라는 말을 흔히 쓴다. 八零后는 원래 1980년부터 1989년까지 출생한 세대를 가리키지만, 정책의 상징성을 고려하여 1970년대 말 개혁·개방과 산아제한 정책 이후 출생자까지 포함하기도 한다. 九零后는 1990년대 출생자, 零零后는 2000년대 이후 출생한 젊은 세대를 뜻한다. 급속한 경제 성장기에 태어난 八零后와 九零后는 비교적 풍족한 환경에서 성장하였으며, '小皇帝 xiǎohuángdì'라는 용어는 그들의 개인주의적 성향을 대변하기도 한다. 零零后는 2008년 베이징올림픽 전후에 유년기를 보내면서 중국에 대한 자부심이 커진 세대이자 어려서부터 스마트폰과 SNS 등 디지털 문화를 경험한 첫 세대라고 할 수 있다.

我喜欢看中国节目。

나는 중국 TV 프로그램 보는 것을 좋아해요.

◀ 학습 목표 ▶

❶ 연달아 발생한 동작 표현하기

❷ 좋아하는 것을 묻고 답하기

❸ 둘 중 하나를 선택하는 질문하기

01 문형 학습

 문형 ①

我去朋友家玩儿。 나는 친구 집에 놀러갑니다.
Wǒ qù péngyou jiā wánr.

09-01

电影院 diànyǐngyuàn	영화관	看中国电影 kàn Zhōngguó diànyǐng	중국 영화를 보다
图书馆 túshūguǎn	도서관	借书 jiè shū	책을 빌리다
学校书店 xuéxiào shūdiàn	학교 서점	买中文书 mǎi Zhōngwén shū	중국어 책을 사다

A 你去哪儿玩儿? 너 어디로 놀러 가?
Nǐ qù nǎr wánr?

B 我去朋友家玩儿。 나는 친구 집에 놀러 가.
Wǒ qù péngyou jiā wánr.

문형 ②

我今天下午去我妹妹那儿。 나는 오늘 오후에 여동생네 갑니다.
Wǒ jīntiān xiàwǔ qù wǒ mèimei nàr.

09-02

今天晚上 jīntiān wǎnshang	오늘 저녁	学校附近的饭馆儿 xuéxiào fùjìn de fànguǎnr	학교 근처의 식당
明天下午 míngtiān xiàwǔ	내일 오후	邮局 yóujú	우체국
中午 zhōngwǔ	점심	便利店 biànlìdiàn	편의점

A 你今天下午去哪儿? 너는 오늘 오후에 어디 가니?
Nǐ jīntiān xiàwǔ qù nǎr?

B 我今天下午去我妹妹那儿。 나는 오늘 오후에 여동생네 가.
Wǒ jīntiān xiàwǔ qù wǒ mèimei nàr.

电影院 diànyǐngyuàn 명 영화관, 극장 | **借** jiè 동 빌리다, 빌려주다 | **下午** xiàwǔ 명 오후 | **附近** fùjìn 명 부근, 근처 | **饭馆(儿)** fànguǎn(r) 명 식당, 음식점 | **邮局** yóujú 명 우체국 | **便利店** biànlìdiàn 명 편의점

문형 3

我喜欢看中文节目。 나는 중국 TV 프로그램 보는 것을 좋아합니다.

 09-03 Wǒ xǐhuan kàn Zhōngwén jiémù.

听音乐 tīng yīnyuè	음악을 듣다
吃中国菜 chī Zhōngguócài	중국 음식을 먹다
喝咖啡 hē kāfēi	커피를 마시다

A 你喜欢看什么? 너는 뭐 보는 것을 좋아하니?
Nǐ xǐhuan kàn shénme?

我喜欢看中文节目。 나는 중국 TV 프로그램 보는 것을 좋아해.
Wǒ xǐhuan kàn Zhōngwén jiémù. **B**

 문형 4

你学习汉语还是日语?

 09-04 Nǐ xuéxí Hànyǔ háishi Rìyǔ?
너는 중국어를 공부하니 아니면 일본어를 공부하니?

吃麻辣香锅 chī málà xiāngguō	마라샹궈를 먹다	麻辣烫 málàtàng	마라탕
喝咖啡 hē kāfēi	커피를 마시다	茶 chá	차
回宿舍 huí sùshè	기숙사로 돌아가다	去图书馆 qù túshūguǎn	도서관에 가다

A 你学习汉语还是日语? 너는 중국어를 공부하니 아니면 일본어를 공부하니?
Nǐ xuéxí Hànyǔ háishi Rìyǔ?

我学习汉语。 나는 중국어를 공부해.
Wǒ xuéxí Hànyǔ. **B**

喜欢 xǐhuan 동 좋아하다 | 节目 jiémù 명 프로그램 | 中国菜 Zhōngguócài 명 중국 음식 | 菜 cài 명 요리, 음식 | 喝
hē 동 마시다 | 还是 háishi 접 또는, 아니면 의문문에 쓰여 선택을 나타냄 | 日语 Rìyǔ 고유 일본어 | 麻辣香锅 málà
xiāngguō 명 마라샹궈 | 麻辣烫 málàtàng 명 마라탕 | 茶 chá 명 차 | 回 huí 동 돌아가다

我早上喝咖啡或者茶。 나는 아침에 커피나 차를 마십니다.

 Wǒ zǎoshang hē kāfēi huòzhě chá.
09-05

早上 zǎoshang	아침	吃 chī	먹다	包子 bāozi	찐빵	饺子 jiǎozi	만두
周末 zhōumò	주말	看 kàn	보다	电视 diànshì	TV	电影 diànyǐng	영화
周末 zhōumò	주말	学习 xuéxí	공부하다	汉字 Hànzì	한자	英语 Yīngyǔ	영어

Ⓐ 你早上喝什么? 너는 아침에 뭐 마시니?
Nǐ zǎoshang hē shénme?

我早上喝咖啡或者茶。 나는 아침에 커피나 차를 마셔. Ⓑ
Wǒ zǎoshang hē kāfēi huòzhě chá.

或者 huòzhě 접 ~(이)거나 ~든지, 또는, 혹은 | **包子** bāozi 명 (소가 들어있는) 찐빵 | **饺子** jiǎozi 명 만두 | **周末** zhōumò
명 주말

독해1  09-06

汤姆是美国人。 朴智敏是韩国人。 他们都是留学生。
Tāngmǔ shì Měiguórén. Piáo Zhìmǐn shì Hánguórén. Tāmen dōu shì liúxuéshēng.

他们都喜欢学习汉语。 他们每天下午去图书馆学习汉语。
Tāmen dōu xǐhuan xuéxí Hànyǔ. Tāmen měitiān xiàwǔ qù túshūguǎn xuéxí Hànyǔ.

周末汤姆和朴智敏常常去王明那儿吃中国菜。 他们都喜
Zhōumò Tāngmǔ hé Piáo Zhìmǐn chángcháng qù Wáng Míng nàr chī Zhōngguócài. Tāmen dōu xǐ

欢吃中国菜。
huan chī Zhōngguócài.

독해1 확인 학습

1. 톰과 박지민은 매일 오후 어디에서 중국어를 공부합니까?
　① 宿舍　　　　　② 咖啡厅　　　　　③ 图书馆

2. 톰과 박지민은 언제 왕밍네로 중국 음식을 먹으러 갑니까?
　① 周末　　　　　② 每天早上　　　　③ 每天晚上

每天 měitiān 명 매일 ｜ 常常 chángcháng 부 항상, 자주

北京的生活

朴智敏是韩国人。 他今年来北京。 他是留学生, 他
Piáo Zhìmǐn shì Hánguórén.　Tā jīnnián lái Běijīng.　Tā shì liúxuéshēng,　tā

在北京学习汉语。
zài Běijīng xuéxí Hànyǔ.

他早上在食堂吃包子和豆浆, 上午在教室学习汉语。
Tā zǎoshang zài shítáng chī bāozi hé dòujiāng,　shàngwǔ zài jiàoshì xuéxí Hànyǔ.

他中午常常在学校附近的饭馆儿吃中国菜, 他喜欢吃中
Tā zhōngwǔ chángcháng zài xuéxiào fùjìn de fànguǎnr chī Zhōngguócài,　tā xǐhuan chī Zhōng

国菜。 下午他在图书馆做作业或者看书, 他喜欢去图书
guócài.　Xiàwǔ tā zài túshūguǎn zuò zuòyè huòzhě kàn shū,　tā xǐhuan qù túshū

馆学习汉语。 他晚上回宿舍吃晚饭、看电视、听音乐, 他
guǎn xuéxí Hànyǔ.　Tā wǎnshang huí sùshè chī wǎnfàn, kàn diànshì,　tīng yīnyuè,　tā

喜欢看中文节目。 周末他常常去看电影或者去喝咖啡。
xǐhuan kàn Zhōngwén jiémù.　Zhōumò tā chángcháng qù kàn diànyǐng huòzhě qù hē kāfēi.

周末晚上他常常去王明那儿吃中国菜。
Zhōumò wǎnshang tā chángcháng qù Wáng Míng nàr chī Zhōngguócài.

朴智敏非常喜欢北京的生活。
Piáo Zhìmǐn fēicháng xǐhuan Běijīng de shēnghuó.

독해 2 확인 학습

1. 박지민이 아침에 먹는 것이 <u>아닌</u> 것은 무엇입니까?

　① 饺子　　　　　② 包子　　　　　③ 豆浆

2. 박지민이 저녁에 기숙사에 가서 하는 것이 <u>아닌</u> 것은 무엇입니까?

　① 听音乐　　　　② 做作业　　　　③ 看中文节目

3. 박지민은 주말 저녁에 종종 어디로 중국 음식을 먹으러 갑니까?

　① 食堂　　　　　② 饭馆儿　　　　③ 王明那儿

生活 shēnghuó 명 생활 | **豆浆** dòujiāng 명 콩국, 두유 | **上午** shàngwǔ 명 오전 | **晚饭** wǎnfàn 명 저녁밥 | **非常** fēicháng 부 대단히, 매우

1. 연동문

하나의 주어에 둘 이상의 동사(구)가 서술어를 담당하는 문장을 연동문이라고 합니다.

$$S + V_1 + (O_1) + V_2 + (O_2) + \cdots\cdots 。$$

▶我去看电影。 나는 영화 보러 갑니다.
　Wǒ qù kàn diànyǐng.

▶我去电影院看电影。 나는 영화관에 영화 보러 갑니다.
　Wǒ qù diànyǐngyuàn kàn diànyǐng.

▶张燕来我家玩儿。 장옌은 우리집에 놀러 옵니다.
　Zhāng Yàn lái wǒ jiā wánr.

2. 시간 부사어

시간, 시기를 나타내는 명사나 수량사는 부사어가 될 수 있는데, 이를 시간 부사어라고 합니다.
시간 부사어는 주로 서술어 앞에 출현하지만 주어 앞에도 출현할 수 있습니다.

▶李斌下午去图书馆。 리빈은 오후에 도서관에 갑니다.
　Lǐ Bīn xiàwǔ qù túshūguǎn.

▶下午李斌去图书馆。 오후에 리빈은 도서관에 갑니다.
　Xiàwǔ Lǐ Bīn qù túshūguǎn.

▶汤姆中午在食堂吃饭。 톰은 점심에 학교 식당에서 밥을 먹습니다.
　Tāngmǔ zhōngwǔ zài shítáng chī fàn.

▶中午汤姆在食堂吃饭。 점심에 톰은 학교 식당에서 밥을 먹습니다.
　Zhōngwǔ Tāngmǔ zài shítáng chī fàn.

중국어의 문장성분 – 관형어와 부사어

S	+	V	+	O
[관형어]주어		[부사어]동사서술어		[관형어]목적어

我 朋友　下午 去　学校 图书馆。

李斌 Lǐ Bīn 고유 리빈

3. '这儿/这里', '那儿/那里'와 보통명사의 장소화

'这儿/这里'와 '那儿/那里'는 '이곳', '저곳'의 의미를 나타내는 지시대체사입니다.

▶ 李莉在这儿。 리리는 여기에 있습니다.
　Lǐ Lì zài zhèr.

▶ 你的手机在那儿。 네 휴대폰은 저기에 있어.
　Nǐ de shǒujī zài nàr.

장소의 의미를 나타내지 않는 명사나 대체사는 그 뒤에 '这儿' 혹은 '那儿'을 붙여야만 장소의 의미를 나타낼 수 있습니다.

▶ 我弟弟在王明那儿玩儿。 내 남동생은 왕밍네서 놀아요.
　Wǒ dìdi zài Wáng Míng nàr wánr.

▶ 明天我去你那儿。 내일 내가 너한테(네가 있는 곳으로) 갈게.
　Míngtiān wǒ qù nǐ nàr.

4. '还是'와 '或者'

접속사 '还是'를 사용하여 선택 가능한 두 가지 상황을 앞뒤로 열거하면 선택의문문을 만들 수 있습니다.

▶ A: 李斌是老大还是老二? 리빈은 첫째입니까 아니면 둘째입니까?
　　Lǐ Bīn shì lǎodà háishi lǎo'èr?

　B: 李斌是老大。 리빈은 첫째입니다.
　　Lǐ Bīn shì lǎodà.

▶ A: 你今天去还是明天去? 너는 오늘 가니 아니면 내일 가니?
　　Nǐ jīntiān qù háishi míngtiān qù?

　B: 我明天去。 나는 내일 가.
　　Wǒ míngtiān qù.

'或者'도 '~아니면'이라는 선택의 의미를 나타냅니다. '还是'는 의문문에 사용하고, '或者'는 평서문에 사용합니다.

▶ 明天或者后天, 我都行。 내일이나 모레, 나는 모두 좋습니다.
　Míngtiān huòzhě hòutiān, wǒ dōu xíng.

▶ 我明天或者后天去找你。 내가 내일이나 모레 너를 찾으러 갈게. (너에게 갈게.)
　Wǒ míngtiān huòzhě hòutiān qù zhǎo nǐ.

李莉 Lǐ Lì 고유 리리 | 老大 lǎodà 명 맏이 | 老二 lǎo'èr 명 둘째 | 后天 hòutiān 명 모레 | 行 xíng 형 좋다, 괜찮다 |
找 zhǎo 동 찾다

1. 녹음을 듣고 알맞은 답을 고르세요. 🎧 09-08

   (1) 汤姆是哪国人?

   ❶ 韩国人   ❷ 日本人   ❸ 美国人

   (2) 他们都喜欢吃中国菜吗?

   ❶ 喜欢   ❷ 不喜欢   ❸ 不知道

2. 녹음을 듣고 질문의 답안과 일치하면 ○, 틀리면 ✕를 표시하세요. 🎧 09-09

   (1) 我今天下午去我妹妹那儿。

   (2) 我看电视。

   (3) 我早上喝咖啡或者茶。

3. 사진을 보고 상황에 맞게 대화를 완성해 보세요.

   (1)

   A: 你喜欢看什么?

   B: _____

   (2)

   A: 你今天下午去哪儿?

   B: _____

4. 다음 문장을 중국어로 써 보세요.

(1) 나는 영화관에 중국 영화를 보러 갑니다.

>> _____

(2) 나는 내일 오전에 우체국에 갑니다.

>> _____

(3) 나는 중국 음식 먹는 것을 좋아합니다.

>> _____

(4) 너는 기숙사로 돌아가니 아니면 도서관에 가니?

>> _____

(5) 나는 주말에 TV나 영화를 봅니다.

>> _____

5. 다음 단어를 어순에 알맞게 배열해 보세요.

(1) 书 / 借 / 图书馆 / 去 / 。

>> 我 _____

(2) 去 / 饭馆儿 / 附近 / 晚上 / 学校 / 今天 / 的 / 。

>> 我 _____

(3) 音乐 / 听 / 喜欢 / 。

>> 我 _____

(4) 茶 / 咖啡 / 还是 / 喝 / ?

>> 你 _____

(5) 汉字 / 英语 / 周末 / 或者 / 学习 / 。

>> 我 _____

중국 문화

중국의 차와 커피

✦ 중국의 명차

중국은 거대한 땅덩이만큼 차의 산지가 넓게 퍼져있고 종류도 매우 다양하다. 중국의 10대 명차는 선정하는 기관과 시기에 따라 달라지곤 하는데, 그 중에서 거의 빠지지 않는 차들로는 洞庭碧螺春 Dòngtíng bìluóchūn, 西湖龙井 Xīhú lóngjǐng, 武夷岩茶 Wǔyí yánchá, 祁门红茶 Qímén hóngchá, 安溪铁观音 Ānxī tiěguānyīn 등을 들 수 있다. 洞庭碧螺春은 江苏 Jiāngsū 苏州 Sūzhōu 洞庭山에서 생산되는 녹차이고, 西湖龙井은 浙江 Zhèjiāng 杭州 Hángzhōu 에서 생산되는 녹차이며, 武夷岩茶는 福建 Fújiàn 의 武夷山에서 생산되는 반발효차로서 녹차와 홍차의 중간 정도이다. 祁红 Qíhóng 이라고도 하는 祁门红茶는 安徽 Ānhuī 祁门县 Qímén Xiàn 일대에서 생산되는 홍차이고, 安溪铁观音은 반발효차인 우롱차의 일종으로 福建 Fújiàn 安溪县 Ānxī Xiàn 에서 생산된다. 최근에는 전통차를 아이스크림, 초콜릿 등의 기호품에 접목한 디저트류도 많은 이들의 사랑을 받고 있다.

✦ 한국인이 좋아하는 普洱茶 pǔ'ěrchá

普洱茶는 주로 云南省 Yúnnán Shěng 普洱市 Pǔ'ěr Shì 에서 생산되는 차로, 미생물 발효를 통해 완성되는 흑차의 한 종류이다. 普洱茶는 지방을 분해하고 다이어트에 효과가 있다고 알려지면서 최근 한국에서 큰 인기를 끌고 있다.

普洱茶는 일반 차처럼 찻잎 그대로의 형태로 유통되기도 하지만, 대부분은 찻잎을 다양한 모양으로 뭉쳐서 판매한다. 그 중에서도 빈대떡처럼 둥글고 납작하게 만든 饼茶 bǐng chá 가 가장 일반적이다. 차를 마실 때는 딱딱하게 뭉쳐 놓은 찻잎 덩어리에서 적당량을 떼어내어 우린다. 처음에는 普洱茶 특유의 향과 맛에 익숙하지 않을 수도 있으나, 나중에는 그것이 오히려 普洱茶를 찾는 이유가 된다. 오래 묵힌 차일수록 떫은맛이 거의 없으며 값도 비싸다.

✦ 중국산 커피

세계적으로 커피 산지의 대부분은 아프리카, 중남미, 동남아시아에 집중되어 있지만, 사실 중국에서도 커피가 일부 생산된다. 기후가 따뜻하고 동남아시아에 가까운 云南 Yúnnán, 广东 Guǎngdōng, 海南岛 Hǎinán Dǎo 등이 대표적이다. 그 중에서도 云南은 아열대 기후와 고지대의 비옥한 흙이 커피 원두 생산에 적합하여 중국 커피 생산의 80% 이상을 차지한다.

중국은 차의 나라이지만, 최근에는 커피 소비량 역시 급속도로 증가하고 있다. 생활방식과 식습관이 서구화되면서 커피에 대한 기호도가 자연스레 높아진 것이다. 1999년에 처음 문을 연 중국의 스타벅스는 2020년 말 기준으로 중국 내 200여 개 도시에 4,800여 지점이 개설되었다. 한편 중국 국내 브랜드인 瑞幸咖啡 Ruìxìng kāfēi (Luckin coffee)는 스타벅스의 판매량을 넘어서겠다는 공격적인 마케팅으로 큰 인기를 끌기도 했다.

你今天做什么?

너 오늘 뭐 하니?

《학습 목표》

❶ 시간과 요일 묻고 답하기

❷ 일정 말하기

❸ 번호 읽기

문형 ❶

今天 五月二十号星期五。　오늘은 5월 20일 금요일입니다.

🎧 10-01　Jīntiān wǔ yuè èrshí hào xīngqīwǔ.

昨天 Zuótiān	어제	二 èr	2(월)	十九 shíjiǔ	19(일)	四 sì	목(요일)
明天 Míngtiān	내일	九 jiǔ	9(월)	二十二 èrshí'èr	22(일)	六 liù	토(요일)
后天 Hòutiān	모레	八 bā	8(월)	三十一 sānshíyī	31(일)	天 tiān	일(요일)

Ⓐ 今天几月几号星期几?　오늘은 몇 월 며칠, 무슨 요일입니까?
Jīntiān jǐ yuè jǐ hào xīngqī jǐ?

今天五月二十号星期五。　오늘은 5월 20일 금요일입니다. **Ⓑ**
Jīntiān wǔ yuè èrshí hào xīngqīwǔ.

문형 ❷

我从早上八点到中午十二点上课。

🎧 10-02　Wǒ cóng zǎoshang bā diǎn dào zhōngwǔ shí'èr diǎn shàng kè.
나는 아침 8시부터 정오 12시까지 수업을 합니다.

下午五 xiàwǔ wǔ	오후 5(시)	六 liù	6(시)	玩游戏 wán yóuxì	게임하다
晚上七 wǎnshang qī	저녁 7(시)	八 bā	8(시)	游泳 yóu yǒng	수영하다
上午九 shàngwǔ jiǔ	오전 9(시)	下午五 xiàwǔ wǔ	오후 5(시)	工作 gōngzuò	일하다

Ⓐ 你从几点到几点上课?　너는 몇 시부터 몇 시까지 수업을 하니?
Nǐ cóng jǐ diǎn dào jǐ diǎn shàng kè?

我从早上八点到中午十二点上课。　나는 아침 8시부터 정오 12시까지 수업을 해. **Ⓑ**
Wǒ cóng zǎoshang bā diǎn dào zhōngwǔ shí'èr diǎn shàng kè.

月 yuè 명 월, 달 | 号 hào 명 일, 날짜, 번호, 사이즈 | 星期 xīngqī 명 요일, 주 | 昨天 zuótiān 명 어제 | 天 tiān 명 날, 일 | 从…到… cóng…dào… ~부터(에서) ~까지 시간이나 장소의 구간을 나타냄 | 点 diǎn 양 시 시간 단위 | 游泳 yóu// yǒng 동 수영하다 游了泳

문형 3

我每天坐206路公交车上班。

Wǒ měitiān zuò èr líng liù lù gōngjiāochē shàng bān.

나는 매일 206번 버스를 타고 출근합니다.

10-03

109 yāo líng jiǔ	109(번)	去公司 qù gōngsī	회사에 가다
12 shí'èr	12(번)	去学校 qù xuéxiào	학교에 가다
1117 yāo yāo yāo qī	1117(번)	回家 huí jiā	귀가하다

A 你每天坐几路公交车上班? 당신은 매일 몇 번 버스를 타고 출근합니까?
Nǐ měitiān zuò jǐ lù gōngjiāochē shàng bān?

我每天坐206路公交车上班。 저는 매일 206번 버스를 타고 출근합니다. **B**
Wǒ měitiān zuò èr líng liù lù gōngjiāochē shàng bān.

 문형 4

他不是北京人。 그는 베이징 사람이 아닙니다.

Tā bú shì Běijīngrén.

10-04

今天 Jīntiān	오늘	星期五 xīngqīwǔ	금요일
他妹妹 Tā mèimei	그의 여동생	十七岁 shíqī suì	17살
现在 Xiànzài	지금	晚上八点 wǎnshang bā diǎn	저녁 8시

A 他是北京人吗? 그는 베이징 사람입니까?
Tā shì Běijīngrén ma?

他不是北京人。 그는 베이징 사람이 아닙니다. **B**
Tā bú shì Běijīngrén.

坐 zuò 동 타다, 앉다 | 零 líng 수 영, 공(0) | 路 lù 양 번 (버스) 노선 | 公交车 gōngjiāochē 명 버스 | 上班 shàng//bān
동 출근하다 上了班

문형 ⑤

你们班有多少(个)学生? 너희 반에는 학생이 몇 명 있니?

 10-05

Nǐmen bān yǒu duōshao (ge) xuésheng?

班 bān	반	女生 nǚshēng	여학생
学校 xuéxiào	학교	老师 lǎoshī	선생님
公司 gōngsī	회사	职员 zhíyuán	직원

A 你们班有多少(个)学生? 너희 반에는 학생이 몇 명 있니?
Nǐmen bān yǒu duōshao (ge) xuésheng?

B 我们班有二十三个学生。 우리 반에는 23명의 학생이 있어.
Wǒmen bān yǒu èrshísān ge xuésheng.

多少 duōshao 때 얼마, 몇 | 女生 nǚshēng 명 여학생

我住留学生宿舍3号楼903号房间。两个人住一个
Wǒ zhù liúxuéshēng sùshè sān hào lóu jiǔ líng sān hào fángjiān. Liǎng ge rén zhù yí ge

房间。我的同屋是日本人，她今年22岁。我们是同班
fángjiān.   Wǒ de tóngwū shì Rìběnrén,   tā jīnnián èrshí'èr suì.   Wǒmen shì tóngbān

同学。我们每天从早上八点到中午十二点上课。我们
tóngxué.   Wǒmen měitiān cóng zǎoshang bā diǎn dào zhōngwǔ shí'èr diǎn shàng kè. Wǒmen

班一共有15个学生。
bān yígòng yǒu shíwǔ ge xuésheng.

독해 1 확인 학습	1. 우리는 매일 몇 시까지 수업을 듣습니까?

   ① 11:00   ② 12:00   ③ 2:00

2. 우리 반은 학생이 모두 몇 명입니까?

   ① 十三个学生   ② 十四个学生   ③ 十五个学生

住 zhù 동 살다, 거주하다 | 楼 lóu 양 동 건물, 아파트 등을 세는 단위 | 房间 fángjiān 명 방

王小芬家的一天

王小芬今年三十七岁。 她在北京市市政府工作， 她
Wáng Xiǎofēn jīnnián sānshíqī suì.　Tā zài Běijīngshì shìzhèngfǔ gōngzuò,　tā

是公务员。她住京园世家8号楼1102号。她有两个孩子，
shì gōngwùyuán. Tā zhù Jīngyuán shìjiā bā hào lóu yāo yāo líng èr hào. Tā yǒu liǎng ge háizi,

老大是男孩儿， 老二是女孩儿。
lǎodà shì nán háir,　　lǎo'èr shì nǚ háir.

王小芬每天早上六点半起床， 七点半去公司。 她坐
Wáng Xiǎofēn měitiān zǎoshang liù diǎn bàn qǐ chuáng, qī diǎn bàn qù gōngsī. Tā zuò

206路公交车上班， 二十分钟以后到市政府。 她从早上八
èr líng liù lù gōngjiāochē shàng bān, èrshí fēnzhōng yǐhòu dào shìzhèngfǔ. Tā cóng zǎoshang bā

点到下午五点工作。 她每天下班时坐地铁6号线， 十五分
diǎn dào xiàwǔ wǔ diǎn gōngzuò.　Tā měitiān xià bān shí zuò dìtiě liù hào xiàn,　shíwǔ fēn

钟以后到她女儿的幼儿园。
zhōng yǐhòu dào tā nǚ'ér de yòu'éryuán.

王小芬 Wáng Xiǎofēn 고유 왕샤오펀 | **市** shì 명 시 행정 구획 단위 | **京园世家** Jīngyuán shìjiā 고유 징위엔스지아 아파트, 공동 주택 따위의 이름 | **孩子** háizi 명 아이, 자녀 | **男** nán 형 남자 | **孩儿** háir 명 아이, 자녀 | **女** nǚ 형 여자 | **半** bàn 수 절반, 30분 | **起床** qǐ//chuáng 동 일어나다 起了床 | **分钟** fēnzhōng 명 분 | **以后** yǐhòu 명 이후 | **到** dào 동 도달하다, 도착하다 | **下班** xià//bān 동 퇴근하다 下了班 | **时** shí 명 때 | **地铁** dìtiě 명 지하철 | **线** xiàn 명 선 교통노선 | **幼儿园** yòu'éryuán 명 유치원

老大叫李斌, 今年十一岁。 他是小学生, 他每天走
Lǎodà jiào Lǐ Bīn,　　jīnnián shíyī suì.　　Tā shì xiǎoxuéshēng,　tā měitiān zǒu

路去学校。他从早上八点到下午两点上课, 两点半放学。
lù qù xuéxiào. Tā cóng zǎoshang bā diǎn dào xiàwǔ liǎng diǎn shàng kè, liǎng diǎn bàn fàng xué.

他回家以后, 做作业、看书。
Tā huí jiā yǐhòu,　　zuò zuòyè,　　kàn shū.

老二叫李莉, 今年六岁。 她每天跟妈妈一起去幼儿
Lǎo'èr jiào Lǐ Lì,　　jīnnián liù suì.　　Tā měitiān gēn māma yìqǐ qù yòu'ér

园。她从早上七点半到下午五点半学习、玩儿, 下午六
yuán.　　Tā cóng zǎoshang qī diǎn bàn dào xiàwǔ wǔ diǎn bàn xuéxí,　wánr,　　xiàwǔ liù

点跟妈妈一起回家。
diǎn gēn māma yìqǐ huí jiā.

독해 2 확인 학습	

독해 2 확인 학습

1. 왕샤오펀은 어디에서 일합니까?
　① 学校　　　　　② 幼儿园　　　　　③ 市政府

2. 왕샤오펀이 출근 시 이용하는 버스는 몇 번입니까?
　① 二六零路　　　② 二零六路　　　　③ 二六六路

3. 왕샤오펀의 맏이는 몇 살입니까?
　① 十一岁　　　　② 十三岁　　　　　③ 十六岁

小学生 xiǎoxuéshēng 명 초등학생 | **走路** zǒu//lù 동 걷다, 길을 걷다 走了…路 | **放学** fàng//xué 동 하교하다 放了学 |
跟 gēn 전 ~와/과 | **一起** yìqǐ 부 같이, 함께

03 문법 학습

1. 시간 표현하기

중국어에서 시간을 표현하는 방식은 '…点…分/刻/半', '差…分…点'입니다.

- 10:02　十点零二分 shí diǎn líng èr fēn

- 10:30　十点半 shí diǎn bàn / 十点三十分 shí diǎn sānshí fēn

- 12:45　十二点四十五分 shí'èr diǎn sìshíwǔ fēn / 十二点三刻 shí'èr diǎn sān kè

- 2:45　两点四十五分 liǎng diǎn sìshíwǔ fēn / 两点三刻 liǎng diǎn sān kè
　　　　差十五分三点 chà shíwǔ fēn sān diǎn / 差一刻三点 chà yí kè sān diǎn

1분~9분은 숫자 앞에 '零'을 붙이고, 2시는 '两点', 12시는 '十二点'으로 표현합니다.

2. 년, 월, 일 및 요일 표현하기

중국어로 년도를 읽을 때는 숫자를 하나씩 읽습니다.

- 1999년　一九九九年 yī jiǔ jiǔ jiǔ nián
- 2008년　二零零八年 èr líng líng bā nián / 两千零八年 liǎng qiān líng bā nián
- 2023년　二零二三年 èr líng èr sān nián

월은 1~12 뒤에 '月'를 붙입니다.

- 一月 yī yuè　　二月 èr yuè　……　十二月 shí'èr yuè

일은 숫자 뒤에 '号' 또는 '日'를 붙여서 표현하는데, 입말에서는 '号'를 주로 사용하고 글말에서는 '日'를 주로 사용합니다.

- 一号 yī hào　　二号 èr hào　……　三十号 sānshí hào　　三十一号 sānshíyī hào

分 fēn 양 분 시간 단위 | **刻** kè 양 15분 시간 단위(一刻 = 15분) | **差** chà 형 부족하다, 모자라다

월요일부터 토요일까지는 '星期' 뒤에 숫자 '一'부터 '六'까지 차례대로 붙이고 일요일은 '天'이나 '日'를 붙입니다. 입말에서는 '星期天'을 주로 사용하고, 글말에서는 '星期日'을 주로 사용합니다. 또한 '星期'대신 '周'를 쓰기도 합니다.

▶ 星期一 xīngqīyī　　星期二 xīngqī'èr　……　星期六 xīngqīliù　　星期天(日) xīngqītiān(rì)

▶ 周一 zhōuyī　　周二 zhōu'èr　……　周六 zhōuliù　　周日 zhōurì

중국어에서 날짜는 큰 단위에서 작은 단위 순으로 배열합니다.

▶ 二零二三年五月十二号星期五 2023년 5월 12일 금요일
èr líng èr sān nián wǔ yuè shí'èr hào xīngqīwǔ

3. 숫자 읽기

전화번호, 방 호수, 버스 노선 등은 자릿수를 포함하지 않고 숫자를 하나씩 읽습니다. 이때 숫자 1은 대부분 '幺 yāo'라고 읽습니다.

▶ 我的手机号码是13901070553／01012346789。
Wǒ de shǒujī hàomǎ shì yāo-sān-jiǔ-líng-yāo-líng-qī-líng-wǔ-wǔ-sān /
líng-yāo-líng-yāo-èr-sān-sì-liù-qī-bā-jiǔ.
내 휴대폰 번호는 13901070553／01012346789입니다.

▶ 他的房间号码是1102。　그의 방 호수는 1102입니다.
Tā de fángjiān hàomǎ shì yāo yāo líng èr.

▶ Wi-Fi密码是UZ25109LY。　와이파이 비밀번호는 UZ25109LY입니다.
Wi-Fi mìmǎ shì UZ èr wǔ yāo líng jiǔ LY.

▶ 206路公交车 èr líng liù lù gōngjiāochē 206번 버스

▶ 101号房间 yāo líng yāo hào fángjiān 101호실

서수는 순서를 나타내는 수를 가리킵니다. 연월일, 등급, 학년 등이 서수에 속하며, 일반적으로 숫자 앞에 '第'를 붙여 사용합니다. 때로는 '第' 없이 사용하기도 합니다.

▶ 第一 dì yī 제1, 첫째　　　▶ 老大 lǎodà 맏이(첫째)　　　▶ 一楼 yī lóu 1층
　第三天 dì sān tiān 셋째 날(사흘)　　老二 lǎo'èr 둘째　　　　　一班 yī bān 1반

周 zhōu 명 주, 요일 ∣ 号码 hàomǎ 명 번호 ∣ 密码 mìmǎ 명 비밀번호 ∣ 第 dì 접두 제 수사 앞에 쓰여 차례를 나타냄

4. 명사서술어문

명사서술어문이란 명사(구)가 서술어 부분을 담당하는 문장을 말합니다. 서술어는 주로 시간, 날짜, 가격, 나이, 본적 등과 관련한 표현으로 제한됩니다.

▶ 现在上午十一点。 지금은 오전 11시입니다. 시간
  Xiànzài shàngwǔ shíyī diǎn.

▶ 明天五月三号星期四。 내일은 5월 3일 목요일입니다. 날짜
  Míngtiān wǔ yuè sān hào xīngqīsì.

긍정문에서는 명사서술어 앞에 '是'를 쓰지 않지만, 부정문에서는 '不是'를 써야 하고, 의문문에서도 '是'를 써야 합니다.

▶ 今天不是十月一号。 오늘은 10월 1일이 아닙니다.
  Jīntiān bú shì shí yuè yī hào.

▶ 现在是晚上九点吗？ 지금은 저녁 9시입니까?
  Xiànzài shì wǎnshang jiǔ diǎn ma?

5. '几'와 '多少'

'几'와 '多少'는 모두 수량을 물을 때 사용합니다. '几'는 10 미만의 수를 물을 때 주로 사용하고, '多少'는 10 이상의 수를 물을 때 주로 사용합니다. '几'는 반드시 양사를 함께 사용해야 하지만 '多少'는 양사를 생략할 수 있습니다.

▶ 你家有几口人？ 너네 집은 식구가 몇 명 있니?
  Nǐ jiā yǒu jǐ kǒu rén?

▶ 你们学校有多少(个)学生？ 너희 학교에는 학생이 몇 명 있니?
  Nǐmen xuéxiào yǒu duōshao (ge) xuésheng?

6. 전치사 '跟'

전치사 '跟'은 사람을 나타내는 단어와 함께 쓰여 '~와(과)'라는 의미를 나타냅니다. '跟……一起(~와 함께)'의 형식으로 사용할 수도 있습니다.

▶ 我跟我姐姐一起上班。 나는 우리 누나(언니)와 함께 출근합니다.
  Wǒ gēn wǒ jiějie yìqǐ shàng bān.

▶ 我跟李莉一起吃饭。 나는 리리와 함께 밥을 먹습니다.
  Wǒ gēn Lǐ Lì yìqǐ chī fàn.

1. 녹음을 듣고 알맞은 답을 고르세요. 🎧 10-08

   (1) 我宿舍在几号楼几号房间?

   ❶ 13号楼930号房间

   ❷ 3号楼903号房间

   ❸ 13号楼903号房间

   (2) 我的同屋是哪国人?

   ❶ 韩国人　　　　　❷ 美国人　　　　　❸ 日本人

2. 녹음을 듣고 질문의 답안과 일치하면 ○, 틀리면 ✕를 표시하세요. 🎧 10-09

   (1) 今天五月二十号星期三。

   (2) 我每天坐190路公交车回家。

   (3) 我们公司有180个职员。

3. 사진을 보고 상황에 맞게 대화를 완성해 보세요.

   (1)

   A: 你每天坐几路公交车上班?

   B: _____

   (2)

   A: _____

   B: 我回家以后就看书。

   tip 就 jiù 는 '바로', '곧' 이라는 뜻의 부사예요.

4. 다음 문장을 중국어로 써 보세요.

(1) 모레는 8월 19일 토요일입니다.

> _____

(2) 나는 저녁 7시부터 8시까지 수영을 합니다.

> _____

(3) 나는 매일 120번 버스를 타고 학교에 갑니다.

> _____

(4) 그의 여동생은 18살이 아닙니다.

> _____

(5) 우리 회사에는 23명의 직원이 있습니다.

> _____

5. 다음 단어를 어순에 알맞게 배열해 보세요.

(1) 星期 / 五月 / 五 / 二十号 / 。

> 昨天 _____

(2) 到 / 八点 / 中午 / 上课 / 十二点 / 早上 / 从 / 。

> 我 _____

(3) 回家 / 206 / 每天 / 公交车 / 坐 / 路 / 。

> 我 _____

(4) 天 / 是 / 星期 / 不 / 。

> 今天 _____

(5) 女生 / 个 / 十三 / 班 / 有 / 。

> 我们 _____

중국 문화

중국의 교통수단

✦ 공유자전거 共享单车 gòngxiǎng dānchē

한국 공유자전거에 해당하는 교통수단을 중국에서는 흔히 共享单车라고 한다. 중국어로 单车는 자전거를 뜻한다. 중국에서 공유자전거 시스템은 2007년에 처음 시작되었는데, 2014년 北京大学 졸업생 몇 명이 이를 본격적인 비즈니스로 확장하여 오포 (ofo)를 창립했다. 그들은 공유자전거 시스템을 통해
北京大学의 넓은 교정을 편리하게 다닐 수 있도록 했다. 이후 오포는 시장을 독점하기 위해 대학 교정을 넘어 전국적으로 사업을 확장했다. 하지만 실질적 수요를 고려하지 않은 무분별한 사업확장과 관리 소홀, 보증금 처리 문제 등으로 2018년 오포는 파산하고 말았다. 현재는 주로 도시별, 지역별로 공유자전거 시스템을 운영하고 있다.

베이징의 경우(2022년 기준), 베이징시의 적극적인 자전거 도로 확보 및 정비, 코로나19 사태로 인해 대중교통을 꺼리는 심리가 더해져 共享单车 이용자 수가 증가세를 보였다.

✦ 고속열차 高铁 gāotiě

중국은 면적이 넓기 때문에 중국인들은 장거리를 이동할 때 주로 열차를 이용한다. 열차는 시속에 따라 일반 열차와 고속 열차로 나뉘고, 기차표 앞에 표시된 영문 대문자는 각각의 열차 종류를 의미한다.

> ※ 일반 열차의 종류와 약자 표시(Z·T·K)
> • **直达列车** zhídá lièchē : 일반 열차 중 가장 빠른 직행 열차로 Z로 표시한다.
> • **特快列车** tèkuài lièchē : 직행 열차보다 좀 더 느린 특급 열차로 T로 표시한다.
> • **快速列车** kuàisù lièchē : 많은 역에 정차하여 속도가 가장 느린 급행 열차로 K로 표시한다.

고속 열차는 动车와 高铁로 구분한다. D로 표시하는 动车는 动力车辆 dònglì chēliàng의 준말로 철로에 열차를 자체적으로 구동할 수 있는 시스템을 갖춘 열차를 의미한다. 한국 KTX에 해당하는 고속열차는 高速铁路 gāosù tiělù 로, 줄여서 高铁라고 하며 G로 표시한다. 高铁는 열차 자체보다 고속철로라는 선로에 중점을 둔 명칭으로 철로 제어 시스템, 신호 통신 시스템 등의 설비를 모두 갖추어야 高铁로 분류한다. 현재 高铁의 평균 시속은 250㎞를 상회한다.

※ 중국 열차표 읽기
① 개찰구 번호: A08
② 출발역: 沈阳站 / 도착역: 宁波站
③ 열차 종류와 번호: 高铁1222
④ 가격: 769.50元
⑤ 좌석 위치: 05车09F号 / 열차칸: 二等座
⑥ 신분증 번호와 이름
⑦ 식별용 QR코드

我想买点儿水果。

나는 과일을 좀 사고 싶어요.

◀학습 목표▶

❶ 물건 사기

❷ 가격 묻고 답하기

❸ 불만의 어기 표현하기

01 문형 학습

문형 ①

一份麻辣香锅38块。 마라샹궈 1인분은 38위안입니다.

Yí fèn málà xiāngguō sānshíbā kuài.

11-01

一瓶燕京啤酒 Yì píng Yānjīng píjiǔ	옌징 맥주 1병	**10** shí	10(위안)
那件大衣 Nà jiàn dàyī	저 코트 (1벌)	**940** jiǔbǎi sìshí	940(위안)
一斤苹果 Yì jīn píngguǒ	사과 1근	**8** bā	8(위안)

 A
一份麻辣香锅多少钱？ 마라샹궈 1인분은 얼마입니까?
Yí fèn málà xiāngguō duōshao qián?

一份麻辣香锅38块。 마라샹궈 1인분은 38 위안입니다. **B**
Yí fèn málà xiāngguō sānshíbā kuài.

문형 ②

我要吃麻辣香锅，不想吃麻辣烫。

Wǒ yào chī málà xiāngguō, bù xiǎng chī málàtàng.

11-02 나는 마라샹궈를 먹고 싶지, 마라탕을 먹고 싶진 않습니다.

买苹果 mǎi píngguǒ	사과를 사다	买葡萄 mǎi pútao	포도를 사다
学瑜伽 xué yújiā	요가를 배우다	学游泳 xué yóu yǒng	수영을 배우다
喝燕京啤酒 hē Yānjīng píjiǔ	옌징 맥주를 마시다	喝红酒 hē hóngjiǔ	레드와인을 마시다

 A
你要吃麻辣烫吗？
Nǐ yào chī málàtàng ma?
너 마라탕 먹고 싶니?

我要吃麻辣香锅，不想吃麻辣烫。 **B**
Wǒ yào chī málà xiāngguō, bù xiǎng chī málàtàng.
나는 마라샹궈를 먹고 싶지, 마라탕은 먹고 싶지 않아.

份 fèn 양 인분 사람의 수에 따라 분량을 세는 단위 | 块 kuài 양 위안 화폐 단위 | 瓶 píng 양 병 병으로 되어 있는 사물을 세는 단위 | 燕京啤酒 Yānjīng píjiǔ 고유 옌징 맥주 | 啤酒 píjiǔ 명 맥주 | 斤 jīn 양 그램(g) 무게를 재는 단위 | 苹果 píngguǒ 명 사과 | 钱 qián 명 돈 | 要 yào 조동 ~하려고 하다 동 원하다, 바라다 | 想 xiǎng 조동 ~하고 싶다 동 생각하다, 그리워하다 | 葡萄 pútao 명 포도 | 学 xué 동 배우다, 학습하다 | 瑜伽 yújiā 명 요가 | 红酒 hóngjiǔ 명 레드와인

这儿可以刷卡吗? 여기 카드 결제가 가능합니까?

Zhèr kěyǐ shuākǎ ma?

11-03

看书
kàn shū
책을 보다

游泳
yóu yǒng
수영하다

抽烟
chōu yān
담배를 피우다

A 这儿可以刷卡吗? 여기 카드 결제가 가능합니까?
Zhèr kěyǐ shuākǎ ma?

这儿不能刷卡。 여기는 카드 결제가 불가능합니다. **B**
Zhèr bù néng shuākǎ.

我有点儿不舒服。 나는 몸 상태가 좀 안 좋아.

Wǒ yǒudiǎnr bù shūfu.

11-04

累 lèi
피곤하다

饿 è
배고프다

害怕 hài pà
두렵다

A 你怎么了? 너 왜 그래?
Nǐ zěnme le?

我有点儿不舒服。 나 몸 상태가 좀 안 좋아. **B**
Wǒ yǒudiǎnr bù shūfu.

可以 kěyǐ 조동 ~할 수 있다, ~해도 좋다 | 刷卡 shuākǎ 동 카드로 결제하다, 카드를 긁다 | 抽烟 chōu//yān 동 담배를 피우다 抽了…烟 | 能 néng 조동 ~할 수 있다, ~해도 좋다 | 有点儿 yǒudiǎnr 부 조금, 약간 | 舒服 shūfu 형 편안하다 | 累 lèi 형 지치다, 피곤하다 | 饿 è 형 배고프다 | 害怕 hài//pà 동 두려워하다, 무서워하다 害什么怕 | 怎么了 zěnme le 무슨 일이야?, 왜 그래?

제11과 **157**

你多吃一点儿吧。 너 좀 더 먹어라.

 Nǐ duō chī yìdiǎnr ba.
11-05

穿 chuān	입다
买 mǎi	사다
喝 hē	마시다

 A 你多吃一点儿吧。 너 좀 더 먹어라.
Nǐ duō chī yìdiǎnr ba.

好的。 응, 알겠어. **B**
Hǎo de.

一点儿 yìdiǎnr 수량 조금, 약간 입말에서는 수사 '一'를 자주 생략함 | 穿 chuān 동 입다 | 吧 ba 조 ~하자, ~죠, ~인 거죠? 부탁, 권유, 추측을 나타냄

02 독해

독해1 11-06

我跟王明一起去饭馆。我想吃麻辣烫，王明不想吃
Wǒ gēn Wáng Míng yìqǐ qù fànguǎn. Wǒ xiǎng chī málàtàng, Wáng Míng bù xiǎng chī

麻辣烫，他想吃麻辣香锅。我们都想喝燕京啤酒。我们
málàtàng,   tā xiǎng chī málà xiāngguō.   Wǒmen dōu xiǎng hē Yānjīng píjiǔ.   Wǒmen

点了一份麻辣香锅和一瓶燕京啤酒。一份麻辣香锅38元，
diǎn le yí fèn málà xiāngguō hé yì píng Yānjīng píjiǔ.   Yí fèn málà xiāngguō sānshíbā yuán,

一瓶燕京啤酒10元。我觉得麻辣香锅有点儿辣。吃麻辣
yì píng Yānjīng píjiǔ shí yuán.   Wǒ juéde málà xiāngguō yǒudiǎnr là.   Chī málà

香锅后，我们吃了点儿水果。
xiāngguō hòu, wǒmen chī le diǎnr shuǐguǒ.

**독해 1
확인 학습**

1. 왕밍은 무엇을 먹고 싶어합니까?
   ① 麻辣烫和麻辣香锅   ② 麻辣香锅   ③ 麻辣烫

2. 우리가 식당에서 주문하지 않은 것은 무엇입니까?
   ① 麻辣香锅   ② 啤酒   ③ 麻辣烫

点 diǎn 동 주문하다 ｜ **了** le 조 ~했다 동작의 완료를 나타냄 ｜ **元** yuán 양 위안 화폐 단위 ｜ **觉得** juéde 동 ~라고 여기다, 느끼다 ｜ **辣** là 형 맵다 ｜ **后** hòu 명 (시간상으로) 뒤, 후, 다음 ｜ **水果** shuǐguǒ 명 과일

水果店

我跟汤姆第一次去中国水果店。 水果店在我们学校
Wǒ gēn Tāngmǔ dì yī cì qù Zhōngguó shuǐguǒdiàn.   Shuǐguǒdiàn zài wǒmen xuéxiào

附近。 那里有葡萄、 苹果、 西瓜等很多水果。 今天水果
fùjìn.   Nàli yǒu pútao,   píngguǒ,   xīguā děng hěn duō shuǐguǒ. Jīntiān shuǐguǒ

都打八折。 我觉得那儿卖的水果都很新鲜。 我跟汤姆想
dōu dǎ bā zhé.   Wǒ juéde nàr mài de shuǐguǒ dōu hěn xīnxiān.   Wǒ gēn Tāngmǔ xiǎng

买点儿水果。 我问售货员： "这些水果怎么卖？" tip
mǎi diǎnr shuǐguǒ.   Wǒ wèn shòuhuòyuán: "Zhè xiē shuǐguǒ zěnme mài?"

售货员说： "葡萄八块钱一斤， 苹果五块钱一斤， 西瓜
Shòuhuòyuán shuō: "Pútao bā kuài qián yì jīn,   píngguǒ wǔ kuài qián yì jīn,   xīguā

二十五块钱一个。" 汤姆觉得葡萄有点儿贵， 他说：
èrshíwǔ kuài qián yí ge."   Tāngmǔ juéde pútao yǒudiǎnr guì,   tā shuō:

---

tip

• 가격을 물어볼 때

  - 苹果怎么卖？ 사과 어떻게 팔아요？

  - 苹果多少钱一斤？ 사과 한 근에 얼마예요？

  - 苹果一斤多少钱？

  - 一斤苹果多少钱？

• 할인 표현 打折 dǎ zhé

  - 打9折 10% 할인

  - 打7.5折 25% 할인

水果店 shuǐguǒdiàn 명 과일 가게 | 次 cì 양 번, 회 동작의 횟수를 세는 단위 | 西瓜 xīguā 명 수박 | 等 děng 조 등, 등등 等等으로 중첩하여 사용할 수도 있음 | 打折 dǎ//zhé 동 할인하다, 에누리하다 打八折 | 卖 mài 동 팔다 | 新鲜 xīnxiān 형 신선하다 | 问 wèn 동 묻다 | 售货员 shòuhuòyuán 명 점원, 판매원 | 一些 yìxiē 수량 약간, 조금 '这/那'와 결합할 경우 수사 '一'를 생략할 수 있음 | 怎么 zěnme 대 어떻게(방식) 怎么+V? 어떻게 V합니까?

"葡萄有点儿贵, 便宜一点儿吧。" 售货员说: "不行,
"Pútao yǒudiǎnr guì, piányi yìdiǎnr ba." Shòuhuòyuán shuō: "Bù xíng,

这些水果已经打折了, 不能再优惠了。 这儿卖的水果都很
zhè xiē shuǐguǒ yǐjīng dǎ zhé le, bù néng zài yōuhuì le. Zhèr mài de shuǐguǒ dōu hěn

甜, 不甜不要钱。 你们尝一下吧。" 我们尝了一些水果,
tián, bù tián bú yào qián. Nǐmen cháng yíxià ba." Wǒmen cháng le yìxiē shuǐguǒ,

我觉得苹果和西瓜特别甜。 我买了两斤苹果和一个西瓜。
wǒ juéde píngguǒ hé xīguā tèbié tián. Wǒ mǎi le liǎng jīn píngguǒ hé yí ge xīguā.

汤姆不想买有点儿贵的葡萄, 他只买了一斤苹果。
Tāngmǔ bù xiǎng mǎi yǒudiǎnr guì de pútao, tā zhǐ mǎi le yì jīn píngguǒ.

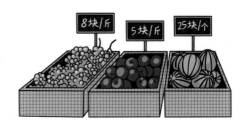

독해 2
확인 학습

1. 오늘 과일은 몇 % 할인합니까?
   ① 20% ② 40% ③ 80%

2. 나는 특히 어떤 과일이 달다고 느꼈습니까?
   ① 葡萄和西瓜 ② 苹果和葡萄 ③ 苹果和西瓜

3. 톰은 수박을 샀습니까?
   ① 买了 ② 没买 ③ 不知道

便宜 piányi 형 (값이) 싸다, 저렴하다 | 不行 bù xíng 동 안 된다 | 已经 yǐjīng 부 이미, 벌써 | 优惠 yōuhuì 형 가격 혜택을 주다 | 甜 tián 형 달다 | 尝 cháng 동 맛보다 | 特别 tèbié 부 특히, 아주 | 只 zhǐ 부 단지, 오직

1. 금액 읽는 법

중국어에서 금액을 표현하는 방식은 '…块(元)…毛(角)…分'입니다. 괄호 안의 단위는 글말에서 주로 사용합니다.

¥934.85

九百三十四块八毛五分

jiǔbǎi sānshísì kuài bā máo wǔ fēn

① 단위가 하나만 쓰일 경우

뒤에 '钱'을 붙여서 사용힐 수 있습니다.

▶ ¥500.00   五百块钱 wǔbǎi kuài qián / 五百元 wǔbǎi yuán

▶ ¥50.00   五十块钱 wǔshí kuài qián / 五十元 wǔshí yuán

▶ ¥0.50   五毛钱 wǔ máo qián

▶ ¥0.05   五分钱 wǔ fēn qián

② 마지막 단위 생략

입말에서는 마지막 단위를 생략하기도 합니다.

▶ ¥180.00   一百八十(块) yìbǎi bāshí (kuài)

▶ ¥85.20   八十五块二(毛) bāshíwǔ kuài èr (máo)

▶ ¥8.50   八块五(毛) bā kuài wǔ (máo)

▶ ¥0.85   八毛五(分) bā máo wǔ (fēn)

③ 중간 단위에 '0'이 있을 경우

'0'을 읽어주며 '0'이 2개 이상 있어도 한 번만 읽습니다.

▶ ¥3008.00   三千零八块 sānqiān líng bā kuài

▶ ¥107.00   一百零七块 yìbǎi líng qī kuài

▶ ¥60.07   六十块零七分 liùshí kuài líng qī fēn

毛 máo 양 마오 화폐 단위(1块/元의 10분의 1) | 角 jiǎo 양 지아오 화폐 단위(1块/元의 10분의 1) | 分 fēn 양 펀 화폐 단위 (1块/元의 100분의 1)

④ '2'가 단위 앞에 놓일 경우

일반적으로 '两'으로 읽으며 마지막 자리에 오면 '二'로 읽습니다. 그러나 '分'의 경우 단위 앞에서 '二'로 읽기도 합니다.

▶ ¥2.22　　两块两毛二 liǎng kuài liǎng máo èr

▶ ¥0.02　　两分 / 二分 liǎng fēn / èr fēn

▶ ¥12.02　　十二块零二分 shí'èr kuài líng èr fēn

2. 조동사 '想'과 '要'

조동사는 동사 앞에 놓여 말하는 사람의 의지, 능력, 의무, 추측 등을 나타냅니다. 조동사 '想'은 '~하고 싶다/~할 예정이다'라는 바람, 계획의 의미를 나타내고, 조동사 '要'는 '~하려고 한다', '~하겠다'라는 의지를 나타냅니다. '想'과 '要'의 부정 형식은 모두 '不想'을 사용합니다.

▶ 我想吃苹果。 나는 사과가 먹고 싶습니다.
　Wǒ xiǎng chī píngguǒ.

▶ A: 你想买什么? 너 뭐 사고 싶니?
　　Nǐ xiǎng mǎi shénme?

　B: 我想买手机。 나는 휴대폰을 사고 싶어.
　　Wǒ xiǎng mǎi shǒujī.

▶ A: 你要喝咖啡吗? 너 커피 마실 거니?
　　Nǐ yào hē kāfēi ma?

　B: 我现在不想喝咖啡。 나 지금은 커피 마시고 싶지 않아.
　　Wǒ xiànzài bù xiǎng hē kāfēi.

또한 '要'는 '원하다', '필요하다'라는 의미의 동사로도 사용합니다.

▶ A: 你要什么? 당신은 뭐가 필요한가요? (어떤 걸 드릴까요?)
　　Nǐ yào shénme?

　B: 我要两瓶啤酒。 나는 맥주 2병을 원해요. (맥주 2병 주세요.)
　　Wǒ yào liǎng píng píjiǔ.

3. 조동사 '可以'

조동사 '可以'는 '~할 수 있다'라는 능력의 의미를 나타내지만, '~해도 좋다'라는 허가의 의미도 나타냅니다. 능력의 의미를 부정하는 경우 '不能'을 사용하고, 허가의 의미를 부정하는 경우에는 '不能' 또는 '不可以'를 사용합니다.

▶我可以尝一下吗? 내가 한 번 맛봐도 될까?
　Wǒ kěyǐ cháng yíxià ma?

▶A: 这儿可以刷卡吗? 여기 카드 결제 가능한가요?
　　 Zhèr kěyǐ shuākǎ ma?

　B: 这儿不能刷卡。/ 这儿不可以刷卡。 이곳은 카드 결제가 불가능합니다.
　　 Zhèr bù néng shuākǎ. / Zhèr bù kěyǐ shuākǎ.

4. '有点儿'과 '一点儿'

'有点儿'과 '一点儿'은 모두 '조금', '약간'의 의미로 정확하지 않은 수량을 나타냅니다. 이 둘은 용법상 차이가 존재합니다. '有点儿'은 부사로 동사 앞에서 정도가 경미함을 나타내며, 형용사 앞에서는 일반적으로 불만의 어감을 나타냅니다.

▶我有点儿害怕。 나는 조금 두려워.
　Wǒ yǒudiǎnr hài pà.

▶那件衣服有点儿贵。 저 옷은 조금 비쌉니다.
　Nà jiàn yīfu yǒudiǎnr guì.

▶他有点儿不高兴。 그는 기분이 조금 좋지 않습니다.
　Tā yǒudiǎnr bù gāoxìng.

'一点儿'은 수량사로 서술어 뒤에 위치하며, 명사 앞에서 명사를 수식하는 관형어로도 쓰입니다. 이때 '一'는 생략할 수 있습니다.

▶你多吃(一)点儿吧。 좀 더 드세요.
　Nǐ duō chī (yì)diǎnr ba.

▶我们吃了(一)点儿水果。 우리는 과일을 좀 먹었습니다.
　Wǒmen chī le (yì)diǎnr shuǐguǒ.

5. 어기조사 '吧'

어기조사 '吧'는 문장 끝에서 상대방에게 부탁이나 제의, 명령 등의 어감을 나타낼 때 사용하며, 전체 문장의 어감을 부드럽게 합니다.

▶ 我们去书店吧。 우리 서점에 가자.
　Wǒmen qù shūdiàn ba.

▶ 我们一起吃饭吧。 우리 같이 밥 먹자.
　Wǒmen yìqǐ chī fàn ba.

또한, '吧'는 의문문에 쓰여 추측의 의미를 나타낼 수도 있습니다.

▶ 他是美国人吧？ 그는 미국인이죠?
　Tā shì Měiguórén ba?

▶ 她是你妹妹吧？ 그녀는 당신의 여동생이죠?
　Tā shì nǐ mèimei ba?

1. 녹음을 듣고 알맞은 답을 고르세요. 11-08

    (1) 我们点了什么?

        ❶ 麻辣烫和麻辣香锅

        ❷ 麻辣香锅和燕京啤酒

        ❸ 麻辣烫和燕京啤酒

    (2) 我们点的菜一共多少钱?

        ❶ 42元   ❷ 48元   ❸ 52元

2. 녹음을 듣고 질문의 답안과 일치하면 ○, 틀리면 ✕를 표시하세요. 11-09

    (1) 我要学瑜伽，不想学游泳。

    (2) 那件大衣940块。

    (3) 这儿不能刷卡。

3. 사진을 보고 상황에 맞게 대화를 완성해 보세요.

    (1)

    A: 这儿可以抽烟吗?

    B: _____

    (2)

    A: 你怎么了?

    B: _____

4. 다음 문장을 중국어로 써 보세요.

(1) 옌징 맥주 1병은 10위안입니다.

    » _____

(2) 나는 옌징 맥주를 마시고 싶지, 와인을 마시고 싶진 않습니다.

    » _____

(3) 여기 수영해도 되나요?

    » _____

(4) 나는 좀 피곤합니다.

    » _____

(5) 너 좀 더 사.

    » _____

5. 다음 단어를 어순에 알맞게 배열해 보세요.

(1) 十 / 苹果 / 块 / 斤 / 。

    » 一 _____

(2) 买(2회) / 苹果 / 不想 / 葡萄 / 要 / , / 。

    » 我 _____

(3) 吗 / 可以 / 书 / 看 / ?

    » 这儿 _____

(4) 害怕 / 有点儿 / 。

    » 我 _____

(5) 一点儿 / 穿 / 多 / 吧 / 。

    » 你 _____

중국의 매운 음식

✦ 얼얼하고 맵고 뜨거운 麻辣烫 málàtàng

한국식 중국 요리가 아닌 중국 본토의 요리가 들어오면서 다양한 중국 음식을 맛볼 수 있게 되었다. 그중 최근 가장 유명해진 음식 중 하나가 麻辣烫일 것이다. 매운 맛을 좋아하는 한국인의 입맛에 고기, 해산물, 채소 등 여러 가지 재료를 함께 먹을 수 있어 인기가 급상승했다. 사실 麻辣烫은 매운 '辣 là'의 맛보다는 얼얼한 '麻 má'의 맛에 더 끌린다. 한국의 '甜辣 tiánlà', 즉 달면서 매운 것과 달리 麻辣烫은 얼얼한 매운 맛이 중독성을 더한다. 麻辣烫에서 '烫'은 국물 음식을 뜻하는 '湯 tāng'이 아니라 데일 정도로 뜨겁다는 의미의 '烫 tàng'이다. 결국, 麻辣烫은 얼얼하고 맵고 뜨거운 음식이라는 뜻이다. 중국 요리는 대체로 음식의 재료와 조리법으로 이름을 짓는데, 麻辣烫은 먹는 사람의 감각만으로 음식의 이름을 지은 것이 독특하다. 최근에는 국물은 거의 없이 여러 재료를 마라의 맛으로 깔끔하게 볶는 '麻辣香锅 málà xiāngguō'도 인기를 더하고 있다.

✦ 매운 음식과 어울리는 음료 酸梅汤 suānméitāng

麻辣烫이나 麻辣香锅 같은 맵고 얼얼한 음식을 먹다 보면 매운 맛을 중화시키고 몸의 열기를 가라앉혀 줄 음료가 필요하다. 매실을 주재료로 만든 중국의 전통 음료인 酸梅汤이 바로 그러한 음료 중 하나이다. 매실은 매화나무의 열매로 과육이 두껍고 과즙이 많아 고대부터 사랑받아 왔다. 삼국시대 曹操 Cáo Cāo (조조)가 여름 행군에 지친 군사들에게 "바로 앞에 매실나무 숲이 있다."고 하며 군사들의 입에 침이 고이게 해 갈증을 해소했다는 '望梅止渴 wàngméi-zhǐkě' 고사도 매실의 새콤달콤한 맛에서 비롯된 것이다. 酸梅汤은 전통 조리법으로 매실을 조린 후 감초, 계화, 얼음 설탕, 꿀 등을 넣어 함께 끓여 만드는데, 清나라 乾隆 황제가 즐겨 마신 것으로도 유명하다. 酸梅汤은 갈증 해소뿐만 아니라 음식의 느끼함을 잡아주고 몸에 지방이 쌓이는 것을 막아주며 식욕 증진, 피로 회복의 효과도 가지고 있다. 이러한 이유로 중국인들의 식탁에서는 酸梅汤을 어렵지 않게 찾아볼 수 있다.

去电影院怎么走?

영화관에 어떻게 가나요?

〈학습 목표〉

❶ 장소 묻고 답하기

❷ 시간의 선후관계 나타내기

❸ 의견 묻고 답하기

01 문형 학습

 문형 ①

请问，去电影院怎么走?

🎧 12-01
Qǐng wèn, qù diànyǐnguàn zěnme zǒu?

말씀 좀 여쭙겠습니다. 영화관에 어떻게 가나요?

西单站 Xīdānzhàn	시단역
书店 shūdiàn	서점
中国银行 Zhōngguó Yínháng	중국은행

A 请问，去电影院怎么走? 말씀 좀 여쭙겠습니다. 영화관에 어떻게 가나요?
Qǐng wèn, qù diànyǐnguàn zěnme zǒu?

B 电影院在公园后边。 영화관은 공원 뒤쪽에 있습니다.
Diànyǐngyuàn zài gōngyuán hòubian.

 문형 ②

食堂在图书馆东边。 식당은 도서관 동쪽에 있습니다.

🎧 12-02
Shítáng zài túshūguǎn dōngbian.

电影院 Diànyǐngyuàn	영화관	咖啡厅后边 kāfēitīng hòubian	커피숍 뒷편
她的衣服 Tā de yīfu	그녀의 옷	桌子上边 zhuōzi shàngbian	책상 위
便利店 Biànlìdiàn	편의점	宿舍西边 sùshè xībian	기숙사 서쪽

A 食堂在哪儿? 식당은 어디에 있습니까?
Shítáng zài nǎr?

B 食堂在图书馆东边。 식당은 도서관 동쪽에 있습니다.
Shítáng zài túshūguǎn dōngbian.

走 zǒu 통 걷다, 가다 | 西单站 Xīdānzhàn 고유 시단역 | 中国银行 Zhōngguó Yínháng 고유 중국은행 | 公园 gōngyuán
명 공원 | 后边 hòubian 명 뒤(쪽) | 东边 dōngbian 명 동쪽 | 上边 shàngbian 명 위(쪽) | 西边 xībian 명 서쪽

图书馆里边有一台自动取款机。

12-03

Túshūguǎn lǐbian yǒu yì tái zìdòng qǔkuǎnjī.

도서관 안에 ATM이 1대 있습니다.

桌子上边 Zhuōzi shàngbian	테이블 위	笔记本电脑 bǐjìběn diànnǎo	노트북
书架左边 Shūjià zuǒbian	책꽂이 왼쪽	冰箱 bīngxiāng	냉장고
冰箱对面 Bīngxiāng duìmiàn	냉장고 맞은편	电视 diànshì	TV

 图书馆里边有自动取款机吗? 도서관 안에 ATM이 있습니까?
Túshūguǎn lǐbian yǒu zìdòng qǔkuǎnjī ma?

有，图书馆里边有一台自动取款机。 네, 도서관 안에 ATM이 1대 있습니다.
Yǒu, túshūguǎn lǐbian yǒu yì tái zìdòng qǔkuǎnjī.

学校对面是一个公园。 학교 맞은편에 공원이 하나 있습니다.

12-04

Xuéxiào duìmiàn shì yí ge gōngyuán.

公园旁边 Gōngyuán pángbiān	공원 옆	中国银行 Zhōngguó Yínháng	중국은행
书架右边 Shūjià yòubian	책꽂이 오른쪽	一台冰箱 yì tái bīngxiāng	냉장고 1대
椅子上边 Yǐzi shàngbian	의자 위	哥哥的大衣 gēge de dàyī	형(오빠)의 코트

 学校对面是什么? 학교 맞은편에는 무엇이 있습니까?
Xuéxiào duìmiàn shì shénme?

学校对面是一个公园。 학교 맞은편에는 공원이 하나 있습니다.
Xuéxiào duìmiàn shì yí ge gōngyuán.

里边 lǐbian 명 안(쪽), 내부 | **自动取款机** zìdòng qǔkuǎnjī 명 현금자동인출기, ATM | **书架** shūjià 명 책장, 책꽂이 | **左边** zuǒbian 명 왼쪽 | **冰箱** bīngxiāng 명 냉장고 | **对面** duìmiàn 명 맞은편 | **旁边** pángbiān 명 옆(쪽) | **右边** yòubian 명 오른쪽

我们先去看电影，然后去吃晚饭吧。

12-05

Wǒmen xiān qù kàn diànyǐng, ránhòu qù chī wǎnfàn ba.

우리 먼저 영화 보러 가고, 그 다음에 저녁 먹으러 가자.

去电影院 qù diànyǐngyuàn	영화관에 가다	去意大利餐厅 qù Yìdàlì cāntīng	이탈리안 레스토랑에 가다
坐公交车 zuò gōngjiāochē	버스를 타다	在西单站坐地铁 zài Xīdānzhàn zuò dìtiě	시단역에서 지하철을 타다
吃饭 chī fàn	밥을 먹다	喝咖啡 hē kāfēi	커피를 마시다

 我们今天做什么? 우리 오늘 뭐 할까?
Wǒmen jīntiān zuò shénme?

我们先去看电影，然后去吃晚饭吧。
Wǒmen xiān qù kàn diànyǐng, ránhòu qù chī wǎnfàn ba.
우리 먼저 영화 보러 가고, 그 다음에 저녁 먹으러 가자.

先 xiān 부 먼저, 우선 | 然后 ránhòu 접 그러한 후에, 그리고 나서 | 意大利餐厅 Yìdàlì cāntīng 명 이탈리안 레스토랑

독해1 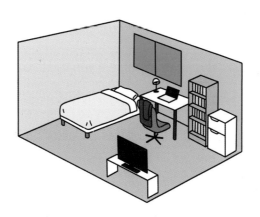 12-06

这是金允瑞的房间。 她的桌子在床和书架的中间。
Zhè shì Jīn Yǔnruì de fángjiān. Tā de zhuōzi zài chuáng hé shūjià de zhōngjiān.

桌子上边有一台笔记本电脑， 书架上边有很多书。 椅子
Zhuōzi shàngbian yǒu yì tái bǐjìběn diànnǎo, shūjià shàngbian yǒu hěn duō shū. Yǐzi

在桌子前边， 椅子上边是金允瑞的大衣。 书架右边是一
zài zhuōzi qiánbian, yǐzi shàngbian shì Jīn Yǔnruì de dàyī. Shūjià yòubian shì yì

台冰箱， 冰箱里有几瓶水。 冰箱对面是一台电视。
tái bīngxiāng, bīngxiāng lǐ yǒu jǐ píng shuǐ. Bīngxiāng duìmiàn shì yì tái diànshì.

독해1
확인 학습

1. 김윤서의 책상은 어디에 있습니까?
　① 在冰箱和书架的中间　② 在椅子和书架的中间　③ 在书架和床的中间

2. 김윤서의 코트는 어디에 있습니까?
　① 桌子上边　② 书架上边　③ 椅子上边

中间 zhōngjiān 명 중간, 가운데 | **前边** qiánbian 명 앞(쪽) | **里** lǐ 명 속, 안 | **水** shuǐ 명 물

西单站

今天是周末，我想看电影。我问张燕："我们今天
Jīntiān shì zhōumò, wǒ xiǎng kàn diànyǐng. Wǒ wèn Zhāng Yàn: "Wǒmen jīntiān

下午一起去看电影，怎么样？"她说："我也想去看电影，
xiàwǔ yìqǐ qù kàn diànyǐng, zěnmeyàng?" Tā shuō: "Wǒ yě xiǎng qù kàn diànyǐng,

我们一起去西单看吧。"
wǒmen yìqǐ qù Xīdān kàn ba."

我们想先去看电影，然后去吃晚饭。我们到了西单
Wǒmen xiǎng xiān qù kàn diànyǐng, ránhòu qù chī wǎnfàn. Wǒmen dào le Xīdān

站。那里有很多商场、商店、饭馆儿。我问张燕："去电
zhàn. Nàli yǒu hěn duō shāngchǎng, shāngdiàn, fànguǎnr. Wǒ wèn Zhāng Yàn: "Qù diàn

影院怎么走？"她说："西单站对面有一个银行，银行
yǐngyuàn zěnme zǒu?" Tā shuō: "Xīdānzhàn duìmiàn yǒu yí ge yínháng, yínháng

西边有一个咖啡厅，电影院就在咖啡厅后边。"
xībian yǒu yí ge kāfēitīng, diànyǐngyuàn jiù zài kāfēitīng hòubian."

怎么样 zěnmeyàng 대 어때? | **商店** shāngdiàn 몡 상점, 가게

我们到了电影院，在那儿买了一个大号爆米花、一
Wǒmen dào le diànyǐngyuàn, zài nàr mǎi le yí ge dà hào bàomǐhuā, yí

个热狗和两杯可乐。一个大号爆米花三十块，一个热狗
ge règǒu hé liǎng bēi kělè. Yí ge dà hào bàomǐhuā sānshí kuài, yí ge règǒu

十五块，一杯可乐十块。我们一起看了电影，我觉得那
shíwǔ kuài, yì bēi kělè shí kuài. Wǒmen yìqǐ kàn le diànyǐng, wǒ juéde nà

部电影太有意思了。
bù diànyǐng tài yǒu yìsi le.

电影院旁边有一家意大利餐厅，晚上我们去那里吃
Diànyǐngyuàn pángbiān yǒu yì jiā Yìdàlì cāntīng, wǎnshang wǒmen qù nàli chī

饭。我们点了一份意大利面和一个比萨饼。我们都觉得
fàn. Wǒmen diǎn le yí fèn Yìdàlìmiàn hé yí ge bǐsàbǐng. Wǒmen dōu juéde

那里的菜很好吃，不过价格有点儿贵。
nàli de cài hěn hǎochī, búguò jiàgé yǒudiǎnr guì.

독해 2 확인 학습

1. 우리가 영화관에서 산 간식 값은 모두 얼마입니까?
   ① 55块　　　　② 65块　　　　③ 75块

2. 이탈리안 레스토랑은 어디에 있습니까?
   ① 电影院旁边　　② 咖啡厅后边　　③ 银行西边

3. 우리는 저녁식사로 무엇을 주문했습니까?
   ① 两份意大利面和一杯可乐
   ② 一杯可乐和一个比萨饼
   ③ 一份意大利面和一个比萨饼

爆米花 bàomǐhuā 명 팝콘 | 热狗 règǒu 명 핫도그 | 杯 bēi 양 잔 컵, 잔을 세는 단위 | 可乐 kělè 명 콜라 | 部 bù 양
편 서적이나 영화 편수 등을 세는 단위 | 意大利面 Yìdàlìmiàn 명 스파게티, 파스타 | 比萨饼 bǐsàbǐng 명 피자 | 好吃
hǎochī 형 맛있다 | 不过 búguò 접 그런데, 그러나 | 价格 jiàgé 명 가격

03 문법 학습

1. 방위명사

'东/西/南/北', '上/下', '前/后', '里/外', '左/右' 등과 같이 방위를 나타내는 명사를 '방위명사'라고 합니다. 방위명사 뒤에는 일반적으로 '边', '面' 등의 접미사를 붙여서 사용합니다.

东边 동쪽	西边 서쪽	南边 남쪽	北边 북쪽
上边 위쪽	下边 아래쪽	前边 앞쪽	后边 뒤쪽
里边 안쪽	外边 바깥쪽	左边 왼쪽	右边 오른쪽
旁边 옆쪽	对面 맞은편	中间 중간	

방위명사는 보통명사와 마찬가지로 주어, 목적어, 관형어로 쓰일 수도 있고, 관형어의 수식을 받을 수도 있습니다. 방위명사가 관형어로 쓰일 경우에는 일반적으로 '的'를 붙이지만, 수식을 받는 경우에는 일반적으로 '的'를 붙이지 않습니다.

▶ 前边有一个银行。 앞쪽에 은행이 하나 있습니다.
Qiánbian yǒu yí ge yínháng.

▶ 王明就在旁边。 왕밍은 바로 옆쪽에 있습니다.
Wáng Míng jiù zài pángbiān.

▶ 北边的书店很大。 북쪽의 서점은 큽니다.
Běibian de shūdiàn hěn dà.

▶ 学校东边有一个电影院。 학교 동쪽에 영화관이 하나 있습니다.
Xuéxiào dōngbian yǒu yí ge diànyǐngyuàn.

南边 nánbian 명 남쪽 | 北边 běibian 명 북쪽 | 下边 xiàbian 명 아래(쪽) | 外边 wàibian 명 바깥(쪽), 밖

2. 존재 동사 '在', '有', '是'

존재를 나타내는 동사로는 '在', '有', '是'가 있는데, 각각 그 문장 구조와 의미에 다소 차이가 있습니다.

① 在: [(한정적) 사람/사물 + 在 + 장소]

▶ 胡安在我前边。 후안은 내 앞쪽에 있습니다.
   Hú'ān zài wǒ qiánbian.

▶ 那个苹果在桌子上边。 그 사과는 테이블 위에 있습니다.
   Nà ge píngguǒ zài zhuōzi shàngbian.

▶ 邮局在西单站西边。 우체국은 시단역 서쪽에 있습니다.
   Yóujú zài Xīdānzhàn xībian.

② 有: [장소 + 有 + (비한정적) 사람/사물]

▶ 地铁站前边有一家餐厅。 지하철역 앞쪽에 식당이 하나 있습니다.
   Dìtiězhàn qiánbian yǒu yì jiā cāntīng.

▶ 西单站旁边有一所学校。 시단역 옆쪽에 학교가 하나 있습니다.
   Xīdānzhàn pángbiān yǒu yì suǒ xuéxiào.

▶ 学校附近有(一)个公园。 학교 근처에 공원이 (하나) 있습니다.
   Xuéxiào fùjìn yǒu (yí) ge gōngyuán.

③ 是: [장소 + 是 + (한정적/비한정적) 사람/사물]

▶ 留学生宿舍对面是图书馆。 유학생 기숙사 맞은편은 도서관입니다.
   Liúxuéshēng sùshè duìmiàn shì túshūguǎn.

▶ 电影院西边是一个银行。 영화관 서쪽에 은행이 하나 있습니다.
   Diànyǐngyuàn xībian shì yí ge yínháng.

▶ 电影院旁边是中国银行。 영화관 옆은 중국은행입니다.
   Diànyǐngyuàn pángbiān shì Zhōngguó Yínháng.

> **tip** '是'는 일반적으로 어떤 장소에 그것 하나만 있거나 정확하게 무엇이 있는지 확인하는 표현에서 주로 사용합니다.

胡安 Hú'ān 고유 후안 | **地铁站** dìtiězhàn 명 지하철역 | **餐厅** cāntīng 명 식당, 레스토랑

3. '先……，然后/再……'

'先+동사(구), 然后/再+동사(구)'는 '먼저 ～하고, 그 다음에 ～하다'라는 의미로 동작의 발생 순서를 나타냅니다.

▶ 我们先坐450路公交车，然后坐180路公交车吧。
Wǒmen xiān zuò sì wǔ líng lù gōngjiāochē, ránhòu zuò yāo bā líng lù gōngjiāochē ba.
우리 먼저 450번 버스를 타고, 그 다음에 180번 버스를 타자.

▶ 我们先做作业，然后吃晚饭吧。 우리 먼저 숙제하고, 그 다음에 저녁 밥 먹자.
Wǒmen xiān zuò zuòyè, ránhòu chī wǎnfàn ba.

▶ 我先去看电影，然后去喝咖啡。 나는 먼저 영화를 보러 가고, 그 다음에 커피를 마시러 가.
Wǒ xiān qù kàn diànyǐng, ránòu qù hē kāfēi.

4. '怎么样?'

'怎么样'은 '어떠하니', '어때'라는 의미로 성질, 상황, 방식에 대해 물을 때 사용합니다.

▶ 他身体怎么样? 그는 건강이 어떻습니까?
Tā shēntǐ zěnmeyàng?

또한, 상대방의 의견을 물을 때도 사용합니다.

▶ 我们今天下午去图书馆，怎么样? 우리 오늘 오후에 도서관에 가자, 어때?
Wǒmen jīntiān xiàwǔ qù túshūguǎn, zěnmeyàng?

▶ 我们明天晚上一起去看电影，怎么样? 우리 내일 저녁에 같이 영화 보러 가자, 어때?
Wǒmen míngtiān wǎnshang yìqǐ qù kàn diànyǐng, zěnmeyàng?

5. 정도 표현 '太……了'

'太……了'는 '너무/정말로 ～하다'라는 의미로 감탄이나 과장의 어감을 나타냅니다.

▶ 那家餐厅的菜太贵了! 저 식당의 음식은 너무 비싸!
Nà jiā cāntīng de cài tài guì le!

▶ 我今天太忙了! 나 오늘 너무 바빠!
Wǒ jīntiān tài máng le!

▶ 我今天太高兴了! 나 오늘 정말로 기분이 좋아!
Wǒ jīntiān tài gāoxìng le!

1. 녹음을 듣고 알맞은 답을 고르세요. 12-08

   (1) 桌子上边有什么?

      ❶ 书   ❷ 笔记本电脑   ❸ 手机

   (2) 书架在哪儿?

      ❶ 冰箱左边   ❷ 冰箱对面   ❸ 椅子右边

2. 녹음을 듣고 질문의 답안과 일치하면 ○, 틀리면 ✕를 표시하세요. 12-09

   (1) 电影院在公园东边。

   (2) 便利店在宿舍西边。

   (3) 我们先去看电影，然后去吃晚饭吧。

3. 사진을 보고 상황에 맞게 대화를 완성해 보세요.

   (1)

   A: _____

   B: 西单站就在电影院后边。

   (2)

   A: _____

   B: 我觉得那部电影太有意思了。

4. 다음 문장을 중국어로 써 보세요.

(1) 말씀 좀 여쭙겠습니다. 서점에 어떻게 가나요?

　　》 _____

(2) 식당은 도서관 동쪽에 있습니다.

　　》 _____

(3) 냉장고 맞은편에 TV 1대가 있습니다.

　　》 _____

(4) 공원 옆에 중국은행이 있습니다.

　　》 _____

(5) 우리 먼저 영화관에 가고, 그 다음에 이탈리안 레스토랑에 가자.

　　》 _____

5. 다음 단어를 어순에 알맞게 배열해 보세요.

(1) 走 / 怎么 / 便利店 / 去 / ?

　》请问, _____

(2) 后边 / 咖啡厅 / 在 / 。

　》电影院 _____

(3) 一台 / 里边 / 自动取款机 / 有 / 。

　》图书馆 _____

(4) 哥哥 / 上边 / 的 / 是 / 大衣 / 。

　》椅子 _____

(5) 喝 / 吃 / 咖啡 / 先 / 饭 / 吧 / 然后 / , / 。

　》我们 _____

중국 문화

날로 커지는 중국의 영화 시장

✦ 날로 커지는 중국 영화 시장

중국의 영화 산업 규모는 날로 커지고 있다. 중국영화국(国家电影局 Guójiā Diànyǐngjú) 자료에 따르면 2021년 중국 영화 박스오피스 흥행 수익은 총 472억 5천 800만여 위안으로, 이는 한화 약 8조 9374억 3천 296만 원에 달한다. 중국 영화 시장의 가파른 성장은 중국 정부의 정책적 뒷받침, 대량 자본, 중국 관객의 문화 소비 심리 등이 복합적으로 작용한 결과라 할 수 있다.

그러나 중국 영화 산업이 해결해야 할 과제 또한 적지 않다. 영화 산업의 양극화 현상, 영화 장르와 주제가 특정 경향으로 치우치는 현상 등이 그 예이다. 실제로 중국 역대 박스 오피스 상위권을 차지하는 영화의 상당수가 코미디 장르이거나 애국주의적 메시지를 담은 영화이다. 이 밖에 자국 영화와 외국 영화의 박스 오피스를 비교해 볼 때, 중국 영화의 해외 경쟁력 확보도 중국 영화 산업이 향후 해결해야 할 주요 과제이다.

> ※ **主旋律电影** zhǔxuánlǜ diànyǐng
> '主旋律电影'이란 중국 정부가 주도하는 주류 이데올로기를 설파하고 이를 고양하는 것을 목적으로 하는 영화를 말한다.

✦ 원작을 스크린으로 옮긴 영화

— 《赵氏孤儿 Zhàoshì gū'ér》(국내 개봉명: 《천하영웅》)

元나라 纪君祥 Jì Jūnxiáng 이 쓴 잡극 《赵氏孤儿》은 춘추시대 晋 Jìn 나라를 배경으로 주인공 赵씨 고아가 부모의 원수를 갚는 이야기이다. 18세기부터 유럽에 소개되어 '햄릿'에 비견되는 《赵氏孤儿》은 중국에서 京剧 jīngjù, 潮剧 cháojù, 越剧 yuèjù 등 지방극으로 각색되어 공연되었고, 수차례 드라마화되기도 했다. 영화로는 2010년 陈凯歌 Chén Kǎigē 감독이 연출한 《赵氏孤儿(Sacrifice)》이 호평을 받았다. 또한, 한국에서 〈조씨고아, 복수의 씨앗〉이라는 연극으로 각색되어 관객과 평단의 극찬을 받은 바 있다.

— 《活着 Huó zhe》(국내 개봉명: 《인생》)

1994년 张艺谋 Zhāng Yìmóu 감독이 연출한 《活著》는 작가 余华 Yú Huá 의 소설 《活着》를 원작으로 한 영화이다. 영화 《活着》는 1940년 부터 1970년대 까지를 배경으로 '福贵 Fúguì'라는 한 남자의 인생을 통해 중국 현대사의 격변기를 묘사하고 있다. 张艺谋 감독은 이 영화로 1994년 칸 영화제 심사위원 대상, 미국 골든 글로브 외국어 영화상, 영국 아카데미 외국어 영화상을 수상했다. 이 영화의 원작 소설가 余华의 또 다른 장편 소설 《许三观卖血记 Xǔ Sānguān mài xiě jì》는 피를 팔아 가족을 부양하는 许三观을 주인공으로 하는 이야기로, 한국 영화 《허삼관》(2015, 하정우 감독·주연)의 모티브가 되기도 했다.

— 《七月与安生 Qīyuè yǔ Ānshēng》(국내 개봉명: 《안녕, 나의 소울 메이트》)

2017년 국내에서 개봉하여 호평을 받은 이 영화는 庆山 Qìng Shān 의 단편 소설 《七月与安生》을 원작으로 했다. 七月와 安生이라는 이름을 가진 두 여성의 우정과 인생을 그린 이 영화로 두 주연 배우 周冬雨 Zhōu Dōngyǔ 와 马思纯 Mǎ Sīchún 은 제53회 金马奖 Jīnmǎjiǎng 영화제에서 공동 여우주연상을 수상했다.

✦ 중국의 영화제

중화권을 대표하는 영화제로는 '金马奖'으로 불리는 台北金马影展 Táiběi Jīnmǎ Yǐngzhǎn (Taipei Golden Horse Film Festival)을 꼽을 수 있다. '金马奖'이라는 이름은 중국 대륙 근해에 위치했지만 중화민국의 영토인 金门岛 Jīnmén Dǎo 와 马祖岛 Mǎzǔ Dǎo 의 첫 글자를 따서 지은 것으로, 1962년 처음 개최된 이후 매년 台北 국부기념관, 중정 기념당, 台北 시립미술관 등에서 개최되고 있다. 2021년 개최된 제58회 金马奖 영화제에는 총 573편의 영화가 출품되었으며, 최우수 단편 다큐멘터리 부분이 신설되었다. 이밖에, 1993년 처음 개최된 중국 최초의 국제 영화제인 상하이국제영화제와 2011년 신설된 중국 최대 규모의 베이징국제영화제도 중국 영화 산업의 성장과 함께 국제적인 영화제로 발돋움하고 있다.

我们一起去爬山，怎么样?

우리 같이 등산 가자, 어때?

我从早上八点到十点上精读课。

🎧 13-01
Wǒ cóng zǎoshang bā diǎn dào shí diǎn shàng jīngdú kè.
나는 아침 8시부터 10시까지 강독 수업을 합니다.

听力	tīnglì	듣기
写作	xiězuò	작문
口语	kǒuyǔ	회화

Ⓐ 你从早上八点到十点上什么课? 너는 아침 8시부터 10시까지 무슨 수업을 하니?
Nǐ cóng zǎoshang bā diǎn dào shí diǎn shàng shénme kè?

我从早上八点到十点上精读课。 Ⓑ
Wǒ cóng zǎoshang bā diǎn dào shí diǎn shàng jīngdú kè.
나는 아침 8시부터 10시까지 강독 수업을 해.

 我从学校北门出发。 나는 학교 북문에서 출발합니다.

🎧 13-02
Wǒ cóng xuéxiào běimén chūfā.

图书馆 túshūguǎn	도서관
留学生宿舍 liúxuéshēng sùshè	유학생 기숙사
地铁站 dìtiězhàn	지하철역

Ⓐ 你从哪儿出发? 너 어디에서 출발하니?
Nǐ cóng nǎr chūfā?

我从学校北门出发。 나는 학교 북문에서 출발해. Ⓑ
Wǒ cóng xuéxiào běimén chūfā.

精读 jīngdú 명 강독 | 听力 tīnglì 명 듣기 | 写作 xiězuò 명 작문 | 口语 kǒuyǔ 명 회화 | 从 cóng 전 ~에서, ~부터 |
北门 běimén 명 북문 | 出发 chūfā 동 출발하다

문형 ❸ 从学校北门一直往东走就到公交车站了。

13-03 Cóng xuéxiào běimén yìzhí wǎng dōng zǒu jiù dào gōngjiāochēzhàn le.

학교 북문에서 계속 동쪽으로 가면 바로 버스 정류장에 도착합니다.

南 nán	남쪽	地铁站 dìtiězhàn	지하철역
西 xī	서쪽	书店 shūdiàn	서점
北 běi	북쪽	咖啡厅 kāfēitīng	커피숍

 去公交车站怎么走? 버스 정류장까지 어떻게 갑니까?
Qù gōngjiāochēzhàn zěnme zǒu?

从学校北门一直往东走就到公交车站了。
Cóng xuéxiào běimén yìzhí wǎng dōng zǒu jiù dào gōngjiāochezhàn le.
학교 북문에서 계속 동쪽으로 가면 바로 버스 정류장에 도착합니다.

 문형 ❹ 我家离地铁站很远。 우리집은 지하철역에서 멉니다.

13-04 Wǒ jiā lí dìtiězhàn hěn yuǎn.

学校 xuéxiào	학교	非常 fēicháng	매우	近 jìn	가깝다
书店 shūdiàn	서점	很 hěn	매우	近 jìn	가깝다
便利店 biànlìdiàn	편의점	不太 bú tài	그다지 ~않다	远 yuǎn	멀다

 你家离地铁站远吗? 너희 집은 지하철역에서 머니?
Nǐ jiā lí dìtiězhàn yuǎn ma?

我家离地铁站很远。 우리집은 지하철역에서 멀어.
Wǒ jiā lí dìtiězhàn hěn yuǎn.

一直 yìzhí 부 똑바로, 줄곧, 내내 | **往** wǎng 전 ~쪽으로, ~(을) 향해 | **公交车站** gōngjiāochēzhàn 명 버스 정류장 | **离** lí 전 ~에서, ~로부터, ~까지 | **远** yuǎn 형 멀다 | **近** jìn 형 가깝다

문형 5

我现在给她发微信。 나는 지금 그녀에게 위챗을 보냅니다.

13-05

Wǒ xiànzài gěi tā fā Wēixìn.

买一件衣服 mǎi yí jiàn yīfu	옷 한 벌을 사다
做饭 zuò fàn	밥을 하다
发快递 fā kuàidì	택배를 보내다

 A 你现在干什么? 너 지금 뭐하니?
Nǐ xiànzài gàn shénme?

B 我现在给她发微信。 나는 지금 그녀에게 위챗을 보내.
Wǒ xiànzài gěi tā fā Wēixìn.

给 gěi 전 ~에게 | 发 fā 동 보내다 | 微信 Wēixìn 고유 위챗 중국의 SNS 앱 | 快递 kuàidì 명 택배 | 干 gàn 동 하다

🎧 13-06

今天听刘老师说，学校附近有一个游泳馆。
Jīntiān tīng Liú lǎoshī shuō, xuéxiào fùjìn yǒu yí ge yóuyǒngguǎn.

游泳馆离留学生宿舍不太远，从留学生宿舍一直往
Yóuyǒngguǎn lí liúxuéshēng sùshè bú tài yuǎn, cóng liúxuéshēng sùshè yìzhí wǎng

南走就到了。
nán zǒu jiù dào le.

我一直想学游泳，我想跟胡安一起学游泳，我给他
Wǒ yìzhí xiǎng xué yóu yǒng, wǒ xiǎng gēn Hú'ān yìqǐ xué yóu yǒng, wǒ gěi tā

发微信："我们一起学游泳，怎么样？"
fā Wēixìn: "Wǒmen yìqǐ xué yóu yǒng, zěnmeyàng?"

他也想学游泳。我们从明天开始学游泳。
Tā yě xiǎng xué yóu yǒng. Wǒmen cóng míngtiān kāishǐ xué yóu yǒng.

독해1
확인 학습

1. 수영장은 기숙사에서 어느 쪽으로 가면 됩니까?
　① 右边　　　　　　② 左边　　　　　　③ 南边

2. 우리는 언제부터 수영을 배웁니까?
　① 后天　　　　　　② 今天　　　　　　③ 明天

听说 tīngshuō 동 들은 바로는, 듣자하니 ~이라 한다 | **游泳馆** yóuyǒngguǎn 명 수영장 | **开始** kāishǐ 동 시작하다 从…
开始 '~부터'의 의미로 주로 사용됨

爬山

明天是星期天， 我想跟几个同学一起去爬山。 我给
Míngtiān shì xīngqītiān,　wǒ xiǎng gēn jǐ ge tóngxué yìqǐ qù pá shān.　　Wǒ gěi

同学们发微信： "明天我们一起去爬山， 怎么样？ 听口
tóngxuémen fā Wēixìn:　　"Míngtiān wǒmen yìqǐ qù pá shān,　　zěnmeyàng?" Tīng kǒu

语老师说， 颐和园附近有一座山， 那座山非常美， 离我
yǔ lǎoshī shuō,　Yíhéyuán fùjìn yǒu yí zuò shān,　　nà zuò shān fēicháng měi, lí wǒ

们学校也不太远。" 王明和汤姆说： "我们都喜欢爬山。
men xuéxiào yě bú tài yuǎn."　　Wáng Míng hé Tāngmǔ shuō: "Wǒmen dōu xǐhuan pá shān.

如果你去的话， 我们也去。"
Rúguǒ nǐ qù de huà,　　wǒmen yě qù."

　　我跟同学们星期天早上八点在学校北门见面。从学
　　Wǒ gēn tóngxuémen xīngqītiān zǎoshang bā diǎn zài xuéxiào běimén jiàn miàn. Cóng xué

校北门一直往东走就到公交车站了。 我们坐549路公交车
xiào běimén yìzhí wǎng dōng zǒu jiù dào gōngjiāochēzhàn le. Wǒmen zuò wǔ sì jiǔ lù gongjiāochē

到了山脚下。
dào le shānjiǎo xià.

爬山 pá//shān 동 등산하다 爬了三个小时山 | 颐和园 Yíhéyuán 고유 이허위엔 | 座 zuò 양 개, 동 산, 다리, 건물 등 비
교적 크고 고정된 물체를 세는 단위 | 山 shān 명 산 | 美 měi 형 아름답다, 멋지다 | 如果 rúguǒ 접 만일, 만약 | 的话 de
huà 조 ~한다면 | 山脚 shānjiǎo 명 산 밑, 산기슭, 산자락

我们九点半左右开始爬山，十二点到了山顶，那里
Wǒmen jiǔ diǎn bàn zuǒyòu kāishǐ pá shān,　shí'èr diǎn dào le shāndǐng,　nàli

的风景太美了。我们在那儿拍了很多风景照，然后，在
de fēngjǐng tài měi le.　Wǒmen zài nàr pāi le hěn duō fēngjǐng zhào,　ránhòu,　zài

微信上上传了几张照片。我们还在那儿吃了三明治、喝
Wēixìn shang shàngchuán le jǐ zhāng zhàopiàn. Wǒmen hái zài nàr chī le sānmíngzhì,　hē

了果汁，大家都觉得非常满意。我们一点左右下山。
le guǒzhī,　dàjiā dōu juéde fēicháng mǎnyì.　Wǒmen yī diǎn zuǒyòu xià shān.

我下午五点回家。今天有点儿累，我想先洗个澡，
Wǒ xiàwǔ wǔ diǎn huí jiā.　Jīntiān yǒudiǎnr lèi,　wǒ xiǎng xiān xǐ ge zǎo,

然后早一点儿睡觉。
ránhòu zǎo yìdiǎnr shuì jiào.

**독해 2
확인 학습**

1. 나는 언제 등산을 했습니까?
　① 星期四　　　　　② 星期六　　　　　③ 星期天

2. 나와 친구들은 아침 8시에 어디에서 만났습니까?
　① 学校北门　　　　② 书店　　　　　　③ 公交车站

3. 우리는 몇 시에 산 정상에 도착했습니까?
　① 九点半　　　　　② 十二点　　　　　③ 一点

左右 zuǒyòu 명 정도, 내외 숫자+左右 | **山顶** shāndǐng 명 산꼭대기, 정상 | **风景** fēngjǐng 명 풍경 | **拍照** pāi//zhào 동
사진을 찍다 拍了风景照 | **上** shàng 명 위 | **上传** shàngchuán 동 업로드하다, 올리다 | **照片** zhàopiàn 명 사진 | **三明
治** sānmíngzhì 명 샌드위치 | **果汁(儿)** guǒzhī(r) 명 과일주스 | **满意** mǎnyì 형 만족하다, 만족스럽다 | **下山** xià//shān
동 산을 내려오다 下了山 | **洗澡** xǐ//zǎo 동 목욕하다, 샤워하다 洗完澡了 | **睡觉** shuì//jiào 동 잠자다 睡午觉

1. 이합동사

중국어 동사는 목적어를 수반하는 타동사와 목적어를 수반하지 않는 자동사가 있습니다. 자동사에는 일반자동사와 이합동사가 있는데, 일반자동사로는 '走', '出发' 등과 같은 단어가 있습니다.

▶ 去电影院怎么走? 영화관에 어떻게 가나요?
　 Qù diànyǐngyuàn zěnme zǒu?

▶ 我们出发吧! 우리 출발합시다!
　 Wǒmen chūfā ba!

이합동사는 분리하거나 합쳐서 사용할 수 있는 동사로, 'V+O'의 구조를 가지고 있기 때문에 뒤에 다시 목적어를 수반하지 않습니다. 의미상의 목적어는 일반적으로 전치사 '跟'과 함께 동사 앞에 출현합니다.

▶ 今天下午我跟他见面。 오늘 오후에 나는 그와 만납니다.
　 Jīntiān xiàwǔ wǒ gēn tā jiàn miàn.

▶ 他想跟王小芬的妹妹结婚。 그는 왕샤오펀의 여동생과 결혼하고 싶어 합니다.
　 Tā xiǎng gēn Wáng Xiǎofēn de mèimei jié hūn.

또한, 이합동사 사이에는 부가적인 성분을 덧붙여 표현할 수도 있습니다.

▶ 从早上八点到十点上口语课。 아침 8시부터 10시까지 회화 수업을 합니다.
　 Cóng zǎoshang bā diǎn dào shí diǎn shàng kǒuyǔ kè.

▶ 生他(的)气 그에게 화를 내다
　 Shēng tā (de) qì

▶ 帮他(的)忙 그를 도와주다
　 Bāng tā (de) máng

> **tip** 자주 사용하는 이합동사
>
> 睡觉 잠을 자다　　洗澡 샤워하다
> 散步 산책하다　　留学 유학하다
> 毕业 졸업하다

结婚 jié//hūn 동 결혼하다 结了婚 | **生气** shēng//qì 동 화내다 生他(的)气 | **帮忙** bāng//máng 동 돕다 帮他(的)忙

2. 전치사 '从'과 '离'

전치사 '从'은 '~에서/~부터'라는 의미로 장소나 시간의 출발점을 나타냅니다.

▶ 从今天开始学瑜伽。 오늘부터 요가를 배우기 시작합니다.
　Cóng jīntiān kāishǐ xué yújiā.

▶ 精读课从八点开始。 강독 수업은 8시부터 시작합니다.
　Jīngdú kè cóng bā diǎn kāishǐ.

▶ 我们早上八点从学校北门出发。 우리는 아침 8시에 학교 북문에서 출발합니다.
　Wǒmen zǎoshang bā diǎn cóng xuéxiào běimén chūfā.

전치사 '离'는 '~에서/~로부터/~까지'라는 의미로 공간이나 시간상의 거리를 나타내며 기준점이 되는 장소나 시간 앞에 씁니다.

▶ 这儿离地铁站很近。 이곳은 지하철역에서 가깝습니다.
　Zhèr lí dìtiězhàn hěn jìn.

▶ 今天离考试只有三天。 오늘부터 시험까지 거우 사흘 밖에 남지 않았습니다.
　Jīntiān lí kǎoshì zhǐ yǒu sān tiān.

▶ 现在离上课还有两分钟。 지금부터 수업까지 아직 2분 남았습니다.
　Xiànzài lí shàng kè hái yǒu liǎng fēnzhōng.

3. 전치사 '往'

전치사 '往'은 '~쪽으로/~(을) 향해'라는 의미로 방위사나 장소와 함께 쓰여 방향을 나타내며, 이 경우 비슷한 의미를 나타내는 전치사 '向'과 바꿔서 사용할 수도 있습니다.

▶ 从宿舍一直往南走就到了。 기숙사에서 남쪽으로 계속 가면 바로 도착합니다.
　Cóng sùshè yìzhí wǎng nán zǒu jiù dào le.

▶ 往/向图书馆走。 도서관 쪽으로 가세요.
　Wǎng/Xiàng túshūguǎn zǒu.

▶ 往/向东边走。 동쪽으로 가세요.
　Wǎng/Xiàng dōngbian zǒu.

考试 kǎoshì 명 시험 ｜ 还 hái 부 아직, 아직도, 여전히 ｜ 向 xiàng 전 ~쪽으로, ~(을) 향해

4. 전치사 '给'

전치사 '给'는 '~에게'라는 의미로 동작의 대상을 나타냅니다.

▶ 他给我发微信。 그는 나에게 위챗을 보냅니다.
  Tā gěi wǒ fā Wēixìn.

▶ 我现在给她发快递。 나는 지금 그녀에게 택배를 보냅니다.
  Wǒ xiànzài gěi tā fā kuàidì.

▶ 我想给他买一本书。 나는 그에게 책을 1권 사 주고 싶습니다.
  Wǒ xiǎng gěi tā mǎi yì běn shū.

5. 접속사 '如果……(的话)'

접속사 '如果'는 '만약/만일 ~라면'이라는 가정의 의미로 문장 맨 앞에 쓰이며, '的话'와 함께 사용하기도 합니다. 또한 뒤 문장에 '就'나 '그러면'이라는 의미의 '那(么)'가 출현하여 함께 쓰이기도 합니다.

▶ 如果你去(的话)，我也去。/ 你去的话，我也去。 만약 네가 간다면, 나도 갈게.
  Rúguǒ nǐ qù (de huà), wǒ yě qù. / Nǐ qù de huà, wǒ yě qù.

▶ 如果你饿(的话)，就吃一点儿三明治吧。/ 你饿的话，就吃一点儿三明治吧。
  Rúguǒ nǐ è (de huà), jiù chī yìdiǎnr sānmíngzhì ba. / Nǐ è de huà, jiù chī yìdiǎnr sānmíngzhì ba.
  만약 너 배고프면, 샌드위치 좀 먹어.

▶ 如果你不去(的话)，那(么)谁去？/ 你不去的话，那(么)谁去？
  Rúguǒ nǐ bú qù (de huà), nà(me) shéi qù? / Nǐ bú qù de huà, nà(me) shéi qù?
  만약 네가 안 가면, 그러면 누가 가니?

那(么) nà(me) 접 그러면

04 연습 문제

1. 녹음을 듣고 알맞은 답을 고르세요. 13-08

   (1) 学校附近有什么?

   ❶ 游泳馆　　　　　❷ 电影院　　　　　❸ 书店

   (2) 我想跟谁一起学游泳?

   ❶ 王明　　　　　❷ 汤姆　　　　　❸ 胡安

2. 녹음을 듣고 질문의 답안과 일치하면 ○, 틀리면 ✕를 표시하세요. 13-09

   (1) 我从早上八点到十点上口语课.

   (2) 我家离便利店很远.

   (3) 从学校北门一直往北走就到公交车站了.

3. 사진을 보고 상황에 맞게 대화를 완성해 보세요.

   (1)

   A: 你从早上八点到十点上什么课?

   B: _____

   (2)

   A: _____

   B: 山上的风景非常美.

4. 다음 문장을 중국어로 써 보세요.

(1) 나는 아침 8시부터 10시까지 듣기 수업을 합니다.

    » _____

(2) 나는 유학생 기숙사에서 출발합니다.

    » _____

(3) 학교 남문에서 계속 동쪽으로 가면 바로 수영장에 도착합니다.

    » _____

(4) 우리집은 학교에서 매우 가깝습니다.

    » _____

(5) 나는 지금 그녀에게 밥을 해줍니다.

    » _____

5. 다음 단어를 어순에 알맞게 배열해 보세요.

(1) 上 / 八点 / 课 / 早上 / 到 / 从 / 精读 / 十点 / 。

    » 我 _____

(2) 出发 / 地铁站 / 从 / 。

    » 我 _____

(3) 走 / 往 / 就 / 学校北门 / 南 / 到 / 了 / 。

    » 从 _____

(4) 家 / 近 / 书店 / 很 / 离 / 。

    » 我 _____

(5) 快递 / 她 / 发 / 给 / 现在 / 。

    » 我 _____

중국 문화

중국의 산

✦ 중국인이 가장 사랑하는 산 —— 泰山 Tàishān

중국 山东省 Shāndōng Shěng 중심에는 중국의 오대 명산 중 하나인 泰山 Tàishān 이 자리를 잡고 있다. 孔子 Kǒngzǐ 는 이 泰山에 오르고서야 천하가 작다는 것을 알았다고 한다. 산이 얼마나 높기에 그렇게 느꼈을까? 하지만 泰山은 한국의 한라산이나 지리산보다 훨씬 낮은 해발 1,532m에 불과하다. 사람들이 泰山을 자주 찾는 이유는 춘하추동 철마다 아름다운 풍경과 함께 중국의 역사와 사연이 담겨 있기 때문이다. 중국 최초의 황제인 秦始皇부터 清나라의 황제들까지 역대 황제들은 수시로 泰山을 방문하여 하늘에 제사를 올렸다. 황제가 방문하는 영험한 산이니 보통 사람들도 저마다의 바람을 간직한 채 泰山을 찾았다. 더구나 泰山에 오르면 10년은 젊어진다는 말도 있어 泰山은 지금도 사람들의 발길이 끊이지 않는다.

✦ 중국의 5대 명산 —— 五岳 Wǔ Yuè

중원 지역을 중심으로 중국 동서남북에는 5개의 명산이 포진해 있는데, 이를 흔히 '오악'이라 한다. 황하 문명의 발상지답게 河南省 Hénán Shěng 에는 오악 중에서도 중심인 嵩山 Sōng Shān 이 자리를 잡고 있으며, 그 동쪽으로는 山东省의 泰山, 서쪽으로는 陕西省 Shǎnxī Shěng 의 华山 Huà Shān, 남쪽으로는 湖南省 Húnán Shěng 의 衡山 Héng Shān, 그리고 북쪽으로는 山西省 Shānxī Shěng 의 恒山 Héng Shān 이 마치 중원을 호위하듯 嵩山을 감싸고 있다. 그래서 이 산들을 각각 중악, 동악, 서악, 남악, 북악으로도 부른다. 서쪽 고원지대나 남쪽의 거대한 산맥과 달리, 이 산들은 광활한 华北平原 Huáběi Píngyuán 에 위치해 있어 원래 높이보다도 더 높게 우뚝 솟구친 느낌을 준다. 오악 이외에 安徽省 Ānhuī Shěng 의 黄山 Huáng Shān, 四川省 Sìchuān Shěng 의 武夷山 Wǔyí Shān, 江西省 Jiāngxī Shěng 의 庐山 Lú Shān 등도 명산으로 손꼽힌다.

✦ 고급화되는 아웃도어 시장

중국의 소득 수준이 높아지고 취미가 다양해지면서 등산복, 등산화를 비롯한 중국의 아웃도어 용품 시장도 크게 성장하고 있다. 좋은 풍경을 한 번 보고 지나가는 것을 넘어 더욱 전문적인 복장이나 장비와 함께 곳곳의 자연을 찾아 나서는 것이다. 2008년 베이징 올림픽, 2010년 광저우 아시안 게임, 2022년 베이징 동계 올림픽과 함께 중국의 스포츠 용품 판매는 꾸준히 증가하고 있고, 아웃도어 시장도 동반 성장하고 있다. 그리고 한국처럼 중국 역시 아웃도어 상품 자체가 고급화되면서 스포츠 의류가 아닌 평상복으로 아웃도어를 착용하는 경우가 갈수록 늘고 있다.

복습
-제8~13과-

단어 · 문장 · 주요 표현

단어 확인 학습

>> 빈칸에 알맞은 한자나 汉语拼音 또는 뜻을 채워 보세요.

제8과

	단어	汉语拼音	뜻
1		jīnnián	명 올해, 금년
2		xiōngdì	명 형제
3		gōngsī	명 회사
4		suì	양 세, 살 나이를 세는 단위
5		shuō	동 말하다
6	多		부 얼마나 의문문에 쓰여 정도를 물음
7	北京		고유 베이징
8	高中生		명 고등학생
9	医院		명 병원
10	中文		명 중국어문학, 중국의 언어와 문자
11	几	jǐ	
12	年	nián	
13	银行	yínháng	
14	一共	yígòng	
15	年纪	niánjì	

제9과

	단어	汉语拼音	뜻
1		xǐhuan	동 좋아하다
2		huòzhě	접 ~(이)거나 ~든지, 또는, 혹은
3		biànlìdiàn	명 편의점

	단어	汉语拼音	뜻
4		fùjìn	명 부근, 근처
5		diànyǐngyuàn	명 영화관, 극장
6	常常		부 항상, 자주
7	喝		동 마시다
8	还是		접 또는, 아니면 의문문에 쓰여 선택을 나타냄
9	周末		명 주말
10	每天		명 매일
11	回	huí	
12	借	jiè	
13	下午	xiàwǔ	
14	非常	fēicháng	
15	生活	shēnghuó	

제10과

	단어	汉语拼音	뜻
1		diǎn	양 시 시간 단위
2		xīngqī	명 요일, 주
3		duōshao	대 얼마, 몇
4		fēnzhōng	명 분
5		gēn	전 ~와(과)
6	昨天		명 어제
7	以后		명 이후
8	孩子		명 아이, 자녀

9	一起		【부】같이, 함께
10	地铁		【명】지하철
11	分	fēn	
12	月	yuè	
13	号	hào	
14	住	zhù	
15	坐	zuò	

제11과

	단어	汉语拼音	뜻
1		qián	【명】돈
2		xiǎng	【조동】~하고 싶다 【동】생각하다, 그리워하다
3		yào	【조동】~하려고 하다 【동】원하다, 바라다
4		shūfu	【형】편안하다
5		chuān	【동】입다
6	可以		【조동】~할 수 있다, ~해도 좋다.
7	累		【형】지치다, 피곤하다
8	有点儿		【부】조금, 약간
9	一点儿		【수량】조금, 약간
10	觉得		【동】~라고 여기다, 느끼다
11	块	kuài	
12	尝	cháng	
13	卖	mài	

| 14 | 水果 | shuǐguǒ | |
| 15 | 饿 | è | |

제12과

	단어	汉语拼音	뜻
1		qiánbian	명 앞(쪽)
2		hòubian	명 뒤(쪽)
3		zhōngjiān	명 중간, 가운데
4		shāngdiàn	명 상점, 가게
5		gōngyuán	명 공원
6	对面		명 맞은편
7	旁边		명 옆(쪽)
8	怎么样		대 어때?
9	地铁站		명 지하철역
10	价格		명 가격
11	北边	běibian	
12	左边	zuǒbian	
13	右边	yòubian	
14	然后	ránhòu	
15	不过	búguò	

제13과

	단어	汉语拼音	뜻
1		kǒuyǔ	명 회화
2		lí	전 ~에서, ~로부터, ~까지
3		jìn	형 가깝다
4		shuì//jiào	동 잠자다
5		kāishǐ	동 시작하다
6	出发		동 출발하다
7	一直		부 똑바로, 줄곧, 내내
8	往		전 ~쪽으로, ~(을) 향해
9	满意		형 만족하다, 만족스럽다
10	从		전 ~에서, ~부터
11	精读	jīngdú	
12	发	fā	
13	给	gěi	
14	如果	rúguǒ	
15	左右	zuǒyòu	

문장 확인 학습

>> 각 문장에서 빈칸에 알맞은 한자나 汉语拼音 또는 뜻을 채워 보세요.

제8과

문장	汉语拼音	뜻
我爸爸在大学工作。		
她是贸易公司的职员。		
这是我的手机。		
	Nǐ jiā yǒu jǐ kǒu rén?	
	Nǐ jīnnián duō dà?	
	Nǐ zài nǎr gōngzuò?	

제9과

문장	汉语拼音	뜻
你喝咖啡还是茶?		
我早上吃包子或者饺子。		
他们都喜欢吃中国菜。		
	Tā chángcháng qù Wáng Míng nàr chī Zhōngguócài.	
	Tā xiàwǔ qù túshūguǎn.	
	Nǐ xǐhuan kàn shénme?	

제10과

문장	汉语拼音	뜻
现在不是晚上八点。		
你们班有多少(个)学生?		
我跟李莉一起吃饭。		
	Jīntiān jǐ yuè jǐ hào xīngqī jǐ?	
	Lǎoshī cóng zǎoshang bā diǎn dào xiàwǔ wǔ diǎn gōngzuò.	
	Tā shì Běijīngrén ma?	

제11과

문장	汉语拼音	뜻
我有点儿不舒服。		
你多吃(一)点儿吧。		
我们一起吃饭吧。		
	Málà xiāngguō duōshao qián yí fèn?	
	Wǒ xiǎng mǎi diǎnr shuǐguǒ.	
	Nǐ yào hē kāfēi ma?	

제12과

문장	汉语拼音	뜻
学校对面是中国银行。		
我们先坐公交车，然后在西单站坐地铁吧。		
我们今天下午去图书馆，怎么样？		
	Qǐng wèn, qù shūdiàn zěnme zǒu?	
	Biànlìdiàn zài sùshè xībian.	
	Bīngxiāng duìmiàn yǒu yì tái diànshì.	

제13과

문장	汉语拼音	뜻
我家离地铁站很远。		
我现在给她发微信。		
如果你去的话，我们也去。		
	Nǐ cóng zǎoshang bā diǎn dào shí diǎn shàng shénme kè?	
	Jīngdú kè cóng bā diǎn kāishǐ.	
	Wǎng dōngbian zǒu.	

주요 표현 확인 학습

» 보기에서 알맞은 한자를 찾아 문장을 완성해 보세요.

제8과

보기   年纪   兄弟姐妹   多大   工作   什么   一共

① 我家_____有五口人。　우리집은 모두 5식구가 있습니다.

② 你做什么_____?　너는 어떤 일을 하니?

③ 她没有_____。　그녀는 형제자매가 없습니다.

④ 你哥哥今年_____?　너희 형(오빠)은 올해 몇 살이니?

⑤ 你家都有_____人?　너네 집은 모두 어떤 사람이 있니?

⑥ 您今年多大_____?　어르신은 올해 연세가 어떻게 되세요?

제9과

보기   或者   还是   喜欢   每天下午   那儿   生活

① 你学习汉语_____日语?　너는 중국어를 공부하니 아니면 일본어를 공부하니?

② 我_____看电视。　나는 TV 보는 것을 좋아합니다.

③ 她_____去图书馆学习汉语。　그녀는 매일 오후 도서관에 중국어를 공부하러 갑니다.

④ 你的手机在_____。　네 휴대폰은 저기에 있어.

⑤ 明天_____后天，我都行。　내일이나 모레, 나는 모두 좋습니다.

⑥ 他非常喜欢北京的_____。　그는 베이징 생활을 매우 좋아합니다.

제10과

보기

| 起床 | 男孩儿 | 多少 | 不是 | 岁 | 坐 |

① 老大是_____。 맏이는 남자아이입니다.

② 你们公司有_____职员? 너희 회사에는 직원이 몇 명 있어?

③ 今天_____十月一号。 오늘은 10월 1일이 아닙니다.

④ 她今年三十_____。 그녀는 올해 30살이에요.

⑤ 你每天_____几路公交车上班? 당신은 매일 몇 번 버스를 타고 출근합니까?

⑥ 我每天早上六点半_____。 나는 매일 아침 6시 반에 일어납니다.

제11과

보기

| 尝 | 有点儿 | 一点儿 | 水果店 | 不能 | 想 |

① 我们都_____喝燕京啤酒。 우리는 모두 옌징 맥주를 마시고 싶습니다.

② 我觉得麻辣香锅_____辣。 나는 마라샹궈가 조금 맵다고 생각했습니다.

③ 你们_____一下吧。 맛 좀 보세요.

④ 便宜_____吧。 좀 싸게 해 주세요.

⑤ _____在我们学校附近。 과일 가게는 우리 학교 근처에 있습니다.

⑥ 这儿_____刷卡。 이곳은 카드 결제가 불가능합니다.

제12과

怎么样　　是　　在　　怎么　　太　　上边

① 学校对面 _____ 一个公园。　학교 맞은편에는 공원이 하나 있습니다.

② 食堂 _____ 图书馆东边。　식당은 도서관 동쪽에 있습니다.

③ 昨天晚上看的电影 _____ ?　어제 저녁에 본 영화 어땠어?

④ 去电影院 _____ 走?　영화관에 어떻게 가나요?

⑤ 我觉得那部电影 _____ 有意思了。　나는 그 영화가 정말 재미있다고 생각했습니다.

⑥ 你的大衣在椅子 _____ 。　네 코트는 의자 위에 있어.

제13과

离　　给　　往　　从　　如果　　左右

① 我现在 _____ 她发快递。　나는 지금 그녀에게 택배를 보냅니다.

② 我们 _____ 明天开始学游泳。　우리는 내일부터 수영을 배웁니다.

③ _____ 你去的话，我也去。　만약 네가 간다면, 나도 갈게.

④ 这儿 _____ 地铁站很近。　여기는 지하철역에서 가깝습니다.

⑤ _____ 图书馆走。　도서관 쪽으로 가세요.

⑥ 我们一点 _____ 下山。　우리는 1시 즈음 산을 내려왔습니다.

회화 & 독해
해석

확인 학습 &
연습 문제 & 복습
정답

회화 & 독해 해석

제1과

회화1

박지민: 안녕!

톰: 안녕!

회화2

리우 선생님: 안녕!

톰: 안녕하세요!

회화3

리우 선생님: 여러분, 안녕하세요!

학생들: 선생님, 안녕하세요!

회화4

리우 선생님: 내일 봐요!

학생들: 내일 뵙겠습니다!

제2과

회화1

박지민: 안녕하세요!

리우 선생님: 안녕하세요! 당신은 학생인가요?

박지민: 저는 학생입니다. 당신은 학생인가요?

리우 선생님: 저는 학생이 아니에요. 저는 선생님입니다.

회화2

박지민: 안녕!

톰: 안녕!

박지민: 이분은 너희 엄마시니?

톰: 이분은 우리 엄마야.

박지민: 이분은 너희 아빠시니?

톰: 이분은 우리 아빠야.

독해1

나는 학생입니다. 그는 학생입니다. 우리는 학생입니다.

이분은 우리 아빠이고, 이분은 우리 엄마이고, 이 사람은 나의 여동생입니다.

저분은 그의 할아버지이고, 저분은 그의 할머니이고, 저 사람은 그의 남동생입니다.

독해2

내 친구

안녕하세요! 이 사람은 내 친구이고, 그는 학생입니다. 이분은 그의 아버지이고, 이분은 그의 어머니입니다. 그들은 선생님입니다.

제3과

회화1

박지민: 안녕하세요!

리우 선생님: 안녕하세요!

박지민: 선생님, 성함이 어떻게 되세요?

리우 선생님: 저는 성이 리우입니다. 이름이 뭐예요?

박지민: 저는 박지민이라고 합니다.

회화2

왕밍: 너는 무엇을 공부하니?

박지민: 나는 중국어를 공부해.

왕밍: 중국어는 어렵니?

박지민: 중국어는 어려워.

회화3

왕밍: 너 건강은 어때?

박지민: 나는 건강해, 고마워!

왕밍: 너 바쁘니?

박지민: 나는 바빠, 너는?

왕밍: 나는 안 바빠.

독해

나는 학생입니다. 나는 중국어를 공부합니다. 나는 본문을 읽고, 한자를 쓰고, 숙제를 합니다. 나는 바쁩니다.

이분은 우리 아빠이고, 이분은 우리 엄마입니다. 그들은 일이 바쁩니다. 그들은 건강합니다.

이 사람은 나의 남동생입니다. 그는 TV를 보고, 음악을 듣습니다. 그는 바쁘지 않습니다.

제4과

회화1

박지민: 안녕하세요! 당신은 학생인가요?

리리: 네, 저는 학생이에요.

박지민: 유학생 사무실은 어디에 있나요?

리리: 죄송하지만, 저도 모르겠어요.

회화2

박지민: 도서관은 어디에 있나요?

리리: 도서관은 저기에 있어요.

박지민: 감사합니다!

리리: 별말씀을요.

회화3

왕밍: 너 영화 볼래?

박지민: 미안해, 나는 공부가 바빠서 영화 안 볼래.

왕밍: 괜찮아. 안녕!

박지민: 안녕!

독해

　나는 학생이고, 내 친구도 학생입니다.

　나는 중국어를 공부하고, 그도 중국어를 공부하고, 우리는 모두 중국어를 공부합니다.

　나는 공부가 바쁘고, 그는 공부가 그다지 바쁘지 않습니다.

　이곳은 학교입니다. 유학생 기숙사는 여기에 있고, 도서관은 저기에 있습니다.

제5과

회화1

톰: 너 어디 가니?

박지민: 나는 쇼핑몰에 가.

톰: 뭐 살 거야?

박지민: 코트 1벌, 운동화 1켤레, 중국어책 2권 살 거야. 너도 갈래?

톰: 나도 갈래.

박지민: 너는 뭐 살 거야?

톰: 나는 스마트워치 하나랑 중국어책 2권 살 거야.

회화2

톰: 실례합니다. 여기 스마트워치 있나요 없나요?

직원1: 죄송하지만, 여기에는 스마트워치가 없어요. 저쪽에 있어요.

톰: 실례합니다. 여기 스마트워치 있나요?

직원2: 네, 어떤 스마트워치를 사려고 하나요?

톰: 어떤 게 예뻐요?

직원2: 이게 제일 예뻐요.

톰: 이건 비싼가요 안 비싼가요?

직원2: 이건 그다지 비싸지 않아요.

톰: 저는 이걸로 살게요.

회화3

왕밍: 이거 네 휴대폰이야?

박지민: 이건 내 휴대폰이 아니라, 내 룸메이트 거야.

왕밍: 저 노트북도 네 룸메이트 거야?

박지민: 저건 내 룸메이트 게 아니라, 내 거야.

독해1

　나는 휴대폰 1대, 스마트워치 1개, 노트북 1대가 있습니다.

　내 룸메이트는 휴대폰 1대, 노트북 1대가 있습니다. 그는 스마트워치가 없습니다.

　우리 기숙사에는 침대 2개, 책상 2개, 의자 2개가 있습니다.

독해2

　오늘 나는 쇼핑몰에 갑니다. 나는 코트 1벌, 운동화 1켤레, 중국어책 2권을 삽니다.

　오늘 내 룸메이트도 쇼핑몰에 갑니다. 그는 스마트워치 1개, 중국어책 2권을 삽니다.

　이 중국어 책 2권은 내 것이고, 저 중국어책 2권은 내 룸메이트의 것입니다.

제6과

회화1

박지민: 안녕하세요!

소노코: 안녕하세요! 당신은 이름이 뭐가요?

박지민: 저는 박지민이라고 해요. 당신은요?

소노코: 저는 스즈키 소노코라고 합니다. 저는 일본인입니다. 당신은 어느 나라 사람인가요?

박지민: 저는 한국인입니다. 당신은 대학생인가요?

소노코: 네, 저는 대학생입니다. 그는 누구인가요? 소개 좀 부탁해요.

박지민: 좋아요. 이쪽은 톰 그랜트이고, 미국인이에요. 그는 제 룸메이트입니다.

톰: 처음 뵙겠습니다! 저는 톰 그랜트인데, 톰이라고 불러주세요. 알게 되어 기뻐요.

소노코: 당신들을 알게 되어 저도 기뻐요.

회화2

소노코: 너는 어디에서 숙제를 하니?

박지민: 나는 도서관에서 숙제를 해. 너도 도서관에서 숙제하니?

소노코: 나는 도서관에서 숙제하지 않고, 기숙사에서 숙제를 해. 너는 어디서 밥을 먹니?

박지민: 나는 학교 식당에서 밥을 먹어.

소노코: 너는 지금 어디 가니?

박지민: 나는 쇼핑몰에 가.

소노코: 너는 무엇을 사니?

박지민: 나는 펜 1자루와 노트 1권을 사.

소개

안녕하세요! 여러분을 만나게 되어 반갑습니다. 제 소개를 좀 하겠습니다. 저는 한국 유학생 박지민입니다. 저는 한국의 한 대학교에서 공부합니다. 제 취미는 음악 감상과 게임입니다. 저는 지금 중국어를 배우고 있습니다. 중국어를 배우는 건 꽤 어렵지만 아주 재미있습니다. 여러분의 많은 가르침을 부탁드립니다.

이쪽은 제 친구 톰과 스즈키인데, 그들도 유학생입니다. 우리는 같은 반 친구들입니다. 톰은 미국인이고, 스즈키는 일본인입니다. 우리는 모두 중국어를 배웁니다. 우리는 열심히 공부합니다. 우리는 교실에서 수업을 하고, 식당에서 밥을 먹고, 쇼핑몰에서 물건을 사고, 기숙사에서 쉽니다.

제8과

독해1

우리집에는 아빠, 엄마 그리고 나 3식구가 있습니다. 우리 아빠는 대학교수입니다. 우리 엄마는 바깥일을 하지 않습니다. 그녀는 가정주부입니다. 나는 형제자매가 없습니다. 나는 중문과 학생입니다.

독해2

내가 사랑하는 사람

우리집은 모두 5식구로, 아빠, 엄마, 언니 1명, 남동생 1명 그리고 제가 있습니다. 우리 아빠는 은행원입니다. 그는 한국은행에서 일하시고, 올해 53세입니다. 우리 엄마는 대학교수입니다. 그녀는 대학에서 일하시고, 올해 50세입니다. 우리 언니는 무역회사에서 일하고, 올해 25살입니다. 제 남동생은 고등학생인데, 올해 18살입니다. 저는 대학에서 공부합니다. 중문과 학생으로 중국어를 공부합니다. 아! 맞다! 우리집에는 강아지도 1마리 있습니다.

저는 중국 친구가 하나 있는데, 그녀는 장옌이라고 합니다. 그녀는 자기네 집 식구가 모두 3명이라고 합니다. 그녀의 아빠는 베이징 도서관에서 일하시고, 그녀의 엄마는 베이징 병원 의사입니다. 그녀는 형제자매가 없고, 외동딸입니다.

제9과

독해1

톰은 미국인입니다. 박지민은 한국인입니다. 그들은 모두 유학생입니다. 그들은 중국어 공부하는 것을 좋아합니다. 그들은 매일 오후 도서관에 중국어를 공부하러 갑니다. 주말에 톰과 박지민은 자주 왕밍네로 중국 음식을 먹으러 갑니다. 그들은 모두 중국 음식 먹는 것을 좋아합니다.

독해2

베이징 생활

박지민은 한국인입니다. 그는 올해 베이징에 왔습니다. 그는 유학생이고, 베이징에서 중국어를 공부합니다.

그는 아침에 식당에서 찐빵과 두유를 먹고, 오전에는 교실에서 중국어를 공부합니다. 그는 점심에 항상 학교 근처 식당에서 중국 음식을 먹습니다. 그는 중국 음식 먹는 것을 좋아합니다. 오후에 그는 도서관에서 숙제를 하거나 책을 봅니다. 그는 도서관에 중국어 공부하러 가는 것을 좋아합니다. 그는 저녁에 기숙사로 돌아와 저녁 밥을 먹고, TV를 보고, 음악을 듣습니다. 그는 중국 TV 프로그램 보는 것을 좋아합니다. 주말에 그는 자주 영화를 보러 가거나 커피를 마시러 갑니다. 주말 저녁이면 그는 자주 왕밍네로 중국 음식을 먹으러 갑니다.

박지민은 베이징 생활을 매우 좋아합니다.

제10과

독해1

나는 유학생 기숙사 3동 903호에 삽니다. 2사람이 한 방에 삽니다. 내 룸메이트는 일본인이고, 그녀는 올해 22살입니다. 우리는 같은 반 친구입니다. 우리는 매일 아침 8시부터 정오 12시까지 수업을 듣습니다. 우리 반에는 모두 15명의 학생이 있습니다.

독해2

왕샤오펀 가족의 하루

왕샤오펀은 올해 37세입니다. 그녀는 베이징시 시청에서 일하는 공무원입니다. 그녀는 징위엔스지아 8동 1102호에 삽니다. 그녀는 아이가 2명 있는데, 첫째는 남자아이이고 둘째는 여자아이입니다.

왕샤오펀은 매일 아침 6시 반에 일어나고 7시 반에 회사에 갑니다. 그녀는 206번 버스를 타고 출근하고, 20분 이후에 시청에 도착합니다. 그녀는 아침 8시부터 오후 5시까지 근무합니다. 그녀는 매일 퇴근할 때 지하철 6호선을 타고, 15분 이후에 딸 유치원에 도착합니다.

첫째는 리빈이라고 하며, 올해 11살입니다. 그는 초등학생인데, 매일 걸어서 학교에 갑니다. 그는 아침 8시부터 오후 2시까지 수업을 듣고, 2시 반에 하교합니다. 그는 집에 돌아온 후에 숙제를 하고 책을 봅니다.

둘째는 리리라고 하며, 올해 6살입니다. 그녀는 매일 엄마와 함께 유치원에 갑니다. 그녀는 아침 7시 반부터 오후 5시 반까지 공부도 하고 놀기도 하다가, 오후 6시에 엄마와 함께 집에 돌아옵니다.

제11과

독해1

나는 왕밍과 함께 식당에 갔습니다. 나는 마라탕이 먹고 싶은데, 왕밍은 마라탕을 먹고 싶어 하지 않고 마라샹궈를 먹고 싶어 했습니다. 우리 모두 옌징 맥주를 마시고 싶었습니다. 우리는 마라샹궈 1인분과 옌징 맥주 1병을 주문했습니다. 마라샹궈 1인분은 38위안이고, 옌징 맥주 1병은 10위안입니다. 나는 마라샹궈가 조금 맵다고 생각했습니다. 마라샹궈를 먹고 나서, 우리는 과일을 좀 먹었습니다.

독해2

과일 가게

나는 톰과 함께 처음으로 중국 과일 가게에 갔습니다. 과일 가게는 우리 학교 근처에 있습니다. 거기에는 포도, 사과, 수박 등 많은 과일이 있습니다. 오늘 과일은 모두 20% 할인을 합니다. 나는 거기서 파는 과일이 모두 신선하다고 생각합니다. 나와 톰은 과일을 좀 사고 싶었습니다. 내가 점원에게 "이 과일들은 어떻게 파나요?"라고 묻자, 점원은 "포도는 1근에 8위안, 사과는 1근에 5위안, 수박은 1통에 25위안이에요."라고 말했습니다. 톰은 포도가 조금 비싸다고 생각했는지 "포도가 좀 비싸네요. 좀 싸게 해 주세요."라고 했습니다. 점원은 "안 됩니다. 이 과일들은 이미 할인된 거예요. 더 싸게는 안 돼요. 여기서 파는 과일은 다 달아요. 달지 않으면, 돈 안 받을게요. 맛 좀 보세요."라고 했습니다. 우리는 과일들을 맛보았고, 나는 사과와 수박이 특히 달다고 느꼈습니다. 나는 사과 2근과 수박 1통을 샀습니다. 톰은 좀 비싼 포도는 사려고 하지 않았고, 사과 1근만 샀습니다.

제12과

독해1

여기는 김윤서의 방입니다. 그녀의 책상은 침대와 책장 사이에 있습니다. 책상 위에는 노트북 1대가 있고, 책장 위에는 많은 책이 있습니다. 의자는 책상 앞에 있고, 의자 위에는 김윤서의 코트가 있습니다. 책장 오른쪽에는 냉장고 1대가 있고, 냉장고 안에는 생수 몇 병이 있습니다. 냉장고 맞은편에는 TV 1대가 있습니다.

독해2

시단역

오늘은 주말이라, 나는 영화를 보고 싶었습니다. 내가 장옌에게 "우리 오늘 오후에 같이 영화 보러 가자, 어때?"라고 하자, 그녀는 "나도 영화 보러 가고 싶어. 우리 같이 시단에 영화 보러 가자."라고 했습니다.

우리는 먼저 영화를 보러 가고, 그 다음에 저녁을 먹으러 가려고 합니다. 우리는 시단역에 도착했습니다. 그곳에는 많은 쇼핑몰, 가게, 식당이 있습니다. 내가 장옌에게 "영화관에 어떻게 가니?"라고 묻자, 그녀는 "시단역 맞은편에 은행이 하나 있고, 은행 서쪽에 커피숍이 하나 있는데, 영화관은 바로 커피숍 뒤쪽에 있어."라고 했습니다.

우리는 영화관에 도착해서는 거기서 라지 사이즈 팝콘 하나와 핫도그 하나, 콜라 2잔을 샀습니다. 라지 사이즈 팝콘 하나는 30위안, 핫도그 하나는 15위안, 콜라 1잔은 10위안입니다. 우리는 같이 영화를 봤습니다. 나는 그 영화가 정말 재미있다고 생각했습니다.

영화관 옆에 이탈리안 레스토랑이 하나 있는데, 저녁에 우리는 거기에 밥을 먹으러 갔습니다. 우리는 파스타 하나와 피자 하나를 주문했습니다. 우리 둘 다 그곳의 음식은 맛있지만, 가격이 조금 비싸다고 생각했습니다.

제13과

독해1

오늘 리우 선생님께 학교 근처에 수영장이 하나 있다고 들었습니다.

수영장은 유학생 기숙사에서 그다지 멀지 않습니다. 유학생 기숙사에서 남쪽으로 계속 가면 바로 도착합니다.

나는 줄곧 수영을 배우고 싶었는데, 후안과 함께 배우려고 그에게 위챗을 보냈습니다. "우리 같이 수영 배우자, 어때?"

그도 수영을 배우고 싶어 했습니다. 우리는 내일부터 수영을 배웁니다.

등산

내일이 일요일이어서, 나는 학교 친구 몇 명과 함께 등산을 가고 싶습니다. 나는 친구들에게 위챗을 보냈습니다. "내일 우리 같이 등산 가자, 어때? 회화 선생님께 들었는데, 이허위엔 부근에 산이 하나 있다. 그 산은 무척 아름답고 우리 학교에서 별로 멀지도 않대." 왕밍과 톰은 "우리 다 등산 좋아해. 만약 네가 간다면, 우리도 갈게."라고 말했습니다.

나는 친구들과 일요일 아침 8시에 학교 북문에서 만났습니다. 학교 북문에서 계속 동쪽으로 가면 바로 버스 정류장에 도착합니다. 우리는 549번 버스를 타고 산 아랫자락에 도착했습니다.

우리는 9시 반 즈음 산에 오르기 시작해서 12시에 정상에 도착했습니다. 그곳의 풍경은 정말 아름다웠습니다. 우리는 거기에서 풍경 사진을 여러 장 찍은 다음 위챗에 사진 몇 장을 올렸습니다. 우리는 또 거기에서 샌드위치를 먹고 주스를 마셨는데, 모두 아주 만족스러워했습니다. 우리는 1시 즈음 산을 내려왔습니다.

나는 오후 5시에 집에 돌아왔습니다. 오늘은 좀 피곤해서 나는 먼저 샤워를 한 다음 일찍 자고 싶습니다.

제1과

확인 학습

1. ① 書   ② 門   ③ 長
   ④ 樂   ⑤ 車

발음 1 확인 학습

2. ① sh/i   ② t/a   ③ ch/e
   ④ m/o   ⑤ zh/u

연습 문제

4. (4)   5. (3) hē → hé

제2과

발음 2-1 확인 학습

2. ① rènao   ② xuéxiào   ③ értóng
   ④ yīyuàn   ⑤ fāngbiàn

발음 2-2 확인 학습

1. ① yī   ② wǒ   ③ yǔ
   ④ qù   ⑤ wèi

2. ③ kuèn → kùn

연습 문제

1. (1) ④   (2) ①   (3) ③   (4) ②

2. (1) ②   (2) ①   (3) ①   (4) ③

3. (1) Nǐ hǎo!
   (2) Nín hǎo! / Nǐ hǎo!
   (3) Dàjiā hǎo! / Nǐmen hǎo!
   (4) Míngtiān jiàn!

4. (1) 我们是学生。
   (2) 我朋友不是老师。
   (3) 这是我妈妈。
   (4) 他们是老师。
   (5) 那是我妹妹。

5. (1) 这是我哥哥。
   (2) 那是你妈妈吗?
   (3) 我弟弟是学生。
   (4) 这是他爸爸。
   (5) 我不是老师。

제3과

발음 3 확인 학습

1. ① Nǐ hǎo!
   ② Lǎoshī hǎo!
   ③ Zǎoshang hǎo!
   ④ Wǒ hěn hǎo.
   ⑤ Wǒ yě hěn hǎo.
   ⑥ Duì bu qǐ.

2. ① yígòng
   ② yìbān
   ③ tǒngyī
   ④ bù hǎo
   ⑤ bú qù

회화&독해 확인 학습

1. ③   2. ②   3. ①

연습 문제

1. (1) A: Zàijiàn!
       B: Wǎnshang jiàn!
   (2) A: Nǐ shēntǐ hǎo ma?
       B: Wǒ shēntǐ hěn hǎo.
   (3) A: Nǐ xuéxí shénme?
       B: Wǒ xuéxí Hànyǔ.
   (4) A: Xièxie!
       B: Bú xiè.

2. (1) ✕   (2) ◯   (3) ◯

> **듣기 내용**
> (1) A: 你朋友叫什么名字?
>   B: 我朋友叫李丽。
> (2) A: 你看什么?
>   B: 我看电视。
> (3) A: 你爸爸身体好吗?
>   B: 我爸爸身体很好,谢谢!

3. (1) 你叫什么名字?
   (2) 你身体好吗?

4. (1) 老师,您贵姓?
   (2) 你做什么?
   (3) 我听音乐。
   (4) 我弟弟不忙。
   (5) 汉语不难。

5. (1) 他们工作很忙。
   (2) 我妹妹叫李丽。
   (3) 你学习什么？
   (4) 你爷爷身体好吗？
   (5) 我姓朴，叫智敏。

제4과

회화&독해 확인 학습

1. ③   2. ③   3. ②

연습 문제

1. (1) ①   (2) ②

듣기 내용

朴智敏: 你好！你是学生吗？
李丽: 对，我是学生。
朴智敏: 留学生办公室在哪儿？
李丽: 对不起，我也不知道。

2. (1) ✕   (2) ◯   (3) ◯

듣기 내용

(1) A: 老师在哪儿？
    B: 老师在办公室。
(2) A: 你去学校吗？
    B: 我不去学校，我去书店。
(3) A: 你们班学生多吗？
    B: 我们班学生不太多。

3. (1) 图书馆在哪儿？
   (2) 教室不太大。

4. (1) 我在办公室。
   (2) 我做作业，他也做作业。
   (3) 我不去教室，我去图书馆。
   (4) 学校不太大。
   (5) 你在哪儿？

5. (1) 教室在哪儿？
   (2) 我们都在学校。
   (3) 那里是留学生宿舍。
   (4) 我看电影，他也看电影。
   (5) 对不起，我也不知道。

제5과

회화 확인 학습

1. ②   2. ①   3. ②

독해 확인 학습

1. ①   2. ②   3. ③

연습 문제

1. (1) ②   (2) ①

듣기 내용

　　今天我去商场。我买一件大衣、一双运动
鞋、两本汉语书。今天我同屋也去商场。他买
一个智能手表、两本汉语书。这两本汉语书是
我的，那两本汉语书是我同屋的。

2. (1) ◯   (2) ✕   (3) ✕

듣기 내용

(1) A: 你有运动鞋吗？
    B: 我有一双运动鞋。
(2) A: 你有没有笔记本电脑？
    B: 我有一台笔记本电脑。
(3) A: 这件衣服是你的吗？
    B: 这件衣服不是我的，是我朋友的。

3. (1) 对不起，这儿没有咖啡。
   (2) 这本书不是我的。

4. (1) 这是我的手机。
   (2) 我同屋没有大衣。
   (3) 我有一台笔记本电脑。
   (4) 我有两个中国朋友。
   (5) 哪个好看？

5. (1) 那本书不是我的。
   (2) 今天我同屋也去商场。
   (3) 对不起，这儿没有牛奶。
   (4) 你们宿舍有没有桌子？
   (5) 那件衣服是她的。

회화 확인 학습

1. ②　　　　2. ③　　　　3. ①

독해 확인 학습

1. ②　　　　2. ③　　　　3. ①

연습 문제

1. (1) ③　　　　(2) ②

> **듣기 내용**
>
> 铃木: 朴智敏, 你在哪儿做作业?
>
> 朴智敏: 我在图书馆做作业。你也在图书馆做作业吗?
>
> 铃木: 我不在图书馆做作业, 我在宿舍做作业。你在哪儿吃饭?
>
> 朴智敏: 我在学校食堂吃饭。
>
> 铃木: 你现在去哪儿?
>
> 朴智敏: 我去商场。
>
> 铃木: 你买什么?
>
> 朴智敏: 我买一支笔和一个本子。

2. (1) ✕　　　　(2) ○　　　　(3) ✕

> **듣기 내용**
>
> (1) A: 他是谁?
>
> 　　B: 他是我朋友。
>
> (2) A: 你们在哪儿上课?
>
> 　　B: 我们在教室上课。
>
> (3) A: 你买什么?
>
> 　　B: 我买一支笔和一个本子。

3. (1) 他去商场买一支笔和一个本子。

　 (2) 我在学校食堂吃饭。

4. (1) 他是我朋友。

　 (2) 我同屋是美国人。

　 (3) 我在家休息。

　 (4) 我买一双鞋和一顶帽子。

　 (5) 请你等一下。

5. (1) 这是我妹妹。

　 (2) 我朋友是日本人。

　 (3) 我们在教室上课。

　 (4) 请你介绍一下。

　 (5) 我买一件大衣和一条裤子。/
　　　 我买一条裤子和一件大衣。

단어 확인 학습

제1과

1. 你　　　　　　　　2. 您

3. 大家

4. zǎoshang　　　　5. wǎnshang

6. lǎoshī

7. 톙 좋다

8. 동 만나다, 보다

9. 안녕, 또 만나요　헤어질 때 인사말

10. 명 내일

제2과

1. 我　　　　　　　　2. 他们

3. 爸爸　　　　　　　4. 妈妈

5. 这

6. érzi　　　　　　　7. péngyou

8. ma　　　　　　　 9. dìdi

10. mèimei

11. 동 ~이다　　　　12. 부 않다, 아니다

13. 대 그, 저　　　　14. 명 형, 오빠

15. 명 누나, 언니

제3과

1. 贵姓　　　　　　　2. 难

3. 忙　　　　　　　　4. 谢谢

5. 学习

6. shénme　　　　　 7. shēntǐ

8. míngzi　　　　　　9. zuò

10. xiě

11. 동 ~라고 부르다, ~라고 불리다

12. 부 매우

13. 조 ~은(는)요?　의문을 나타냄

14. 동 보다

15. 동 듣다

제4과

1. 哪儿　　　　　　　2. 电影

3. 对　　　　　　　　4. 知道

5. 都

6. búyòng
7. duì bu qǐ
8. méi guānxi
9. liúxuéshēng
10. zhèr

11. 동 있다, 존재하다
12. 부 ~도, 또한
13. 그다지 ~하지 않다
14. 형 크다
15. 형 많다

제5과
1. (智能)手机
2. 笔记本(电脑)
3. 请问
4. 商场
5. 件

6. yùndòngxié
7. shuāng
8. tóngwū
9. hǎokàn
10. méi (yǒu)

11. 양 개 사람, 사물을 세는 단위
12. 대 어느, 어떤
13. 동 ~이(가) 있다, 소유하다
14. 부 가장, 제일
15. 형 비싸다

제6과
1. 休息
2. 读书
3. 指教
4. 但是
5. 见面

6. àihào
7. rènshi
8. shàng//kè
9. nǔlì
10. kùzi

11. 대 누구
12. 동 먹다
13. 동 소개하다
14. 형 기쁘다, 즐겁다
15. 명 학우, 학교 친구, 동창

문장 확인 학습

제1과
- Nǐ hǎo! 안녕!

- 老师好! 선생님, 안녕하세요!

- Zàijiàn! 안녕, 또 보자!

제2과
- 你是学生吗? 당신은 학생입니까?

- Tāmen shì lǎoshī. 그들은 선생님입니다.

- Zhè shì wǒ māma. 이분은 우리 엄마입니다.

제3과
- 你叫什么名字? 당신은 이름이 뭔가요?

- Wǒ xuéxí Hànyǔ. 나는 중국어를 공부합니다.

- 你身体好吗? 너 건강은 어때?

제4과
- Jiàoshì zài nǎr?
  교실은 어디에 있나요?

- 我工作不太忙。
  나는 일이 그다지 바쁘지 않습니다.

- Wǒmen dōu xuéxí Hànyǔ.
  우리는 모두 중국어를 공부합니다.

제5과
- Wǒ yǒu yí ge shǒujī.
  나는 휴대폰이 하나 있습니다.

- 你去不去图书馆?
  너 도서관에 가니 안 가니?

- 这本书不是我的，是我朋友的。
  이 책은 내 것이 아니고, 내 친구의 것입니다.

제6과
- 他是谁?
  그는 누구입니까?

- 你是哪国人?
  당신은 어느 나라 사람입니까?

- Wǒmen zài jiàoshì shàng kè.
  우리는 교실에서 수업을 합니다.

주요 표현 확인 학습

제1과
① 大家
② 您
③ 晚上
④ 明天

제2과
① 吗
② 那
③ 是
④ 不

제3과
① 贵姓
② 什么

③ 很　　　　　　　　④ 身体

제4과
① 哪儿　　　　　　　② 也
③ 太　　　　　　　　④ 都

제5과
① 本　　　　　　　　② 没
③ 哪　　　　　　　　④ 的

제6과
① 和　　　　　　　　② 哪儿
③ 一下　　　　　　　④ 在

제8과

독해1 확인 학습

1. ③　　　　　　　　2. ③

독해 2 확인 학습

1. ②　　　　　2. ③　　　　　3. ①

연습 문제

1. (1) ②　　　　　　　(2) ①

듣기 내용

　　我家有三口人，爸爸、妈妈和我。我爸爸是大学老师，我妈妈不工作，她是家庭主妇。我没有兄弟姐妹。我是中文系的学生。

2. (1) ○　　　　(2) ✕　　　　(3) ○

듣기 내용

(1) A: 你有几个弟弟?
　　B: 我有两个弟弟。
(2) A: 她做什么工作?
　　B: 她是贸易公司的职员。
(3) A: 这是谁的笔记本电脑?
　　B: 这是刘老师的笔记本电脑。

3. (1) 她家有爸爸、妈妈和她。
　　(2) 我妹妹在咖啡厅工作。

4. (1) 你有几个妹妹?
　　(2) 她今年多大?
　　(3) 我妹妹在大学工作。
　　(4) 她是北京医院的医生。

(5) 这是他的笔记本电脑。

5. (1) 我有两个哥哥。
　　(2) 我今年二十二岁。
　　(3) 我爸爸在银行工作。
　　(4) 她是贸易公司的职员。
　　(5) 这是刘老师的汉语书。

제9과

독해1 확인 학습

1. ③　　　　　　　　2. ①

독해 2 확인 학습

1. ①　　　　　2. ②　　　　　3. ③

연습 문제

1. (1) ③　　　　　　　(2) ①

듣기 내용

　　汤姆是美国人。朴智敏是韩国人。他们都是留学生。他们都喜欢学习汉语。他们每天下午去图书馆学习汉语。周末汤姆和朴智敏常常去王明那儿吃中国菜。他们都喜欢吃中国菜。

2. (1) ✕　　　　(2) ○　　　　(3) ○

듣기 내용

(1) A: 你今天下午去哪儿?
　　B: 我今天下午去我姐姐那儿。
(2) A: 你看电视还是电影?
　　B: 我看电视。
(3) A: 你早上喝什么?
　　B: 我早上喝咖啡或者茶。

3. (1) 我喜欢看中文节目。
　　(2) 我今天下午去便利店。

4. (1) 我去电影院看中国电影。
　　(2) 我明天上午去邮局。
　　(3) 我喜欢吃中国菜。
　　(4) 你回宿舍还是去图书馆?
　　(5) 我周末看电视或者电影。

5. (1) 我去图书馆借书。
　　(2) 我今天晚上去学校附近的饭馆儿。
　　(3) 我喜欢听音乐。

⑷ 你喝咖啡还是茶？ / 你喝茶还是咖啡？

⑸ 我周末学习汉字或者英语。 /
我周末学习英语或者汉字。

제10과

독해1 확인 학습

1. ②   2. ③

독해2 확인 학습

1. ③   2. ②   3. ①

연습 문제

1. ⑴ ②   ⑵ ③

듣기 내용

我住留学生宿舍3号楼903号房间。两个人
住一个房间。我的同屋是日本人，她今年22
岁。我们是同班同学。我们每天从早上八点到
中午十二点上课。我们班一共有15个学生。

2. ⑴ ✕   ⑵ ✕   ⑶ ◯

듣기 내용

⑴ A: 今天几月几号星期几？
   B: 今天五月十二号星期四。
⑵ A: 你每天坐几路公交车回家？
   B: 我每天坐109路公交车回家。
⑶ A: 你们公司有多少(个)职员？
   B: 我们公司有180个职员。

3. ⑴ 我每天坐938路公交车上班。
   ⑵ 你回家以后，做什么？

4. ⑴ 后天八月十九号星期六。
   ⑵ 我从晚上七点到八点游泳。
   ⑶ 我每天坐120路公交车去学校。
   ⑷ 他妹妹不是十八岁。
   ⑸ 我们公司有二十三个职员。

5. ⑴ 昨天五月二十号星期五。
   ⑵ 我从早上八点到中午十二点上课。
   ⑶ 我每天坐206路公交车回家。
   ⑷ 今天不是星期天。
   ⑸ 我们班有十三个女生。

제11과

독해1 확인 학습

1. ②   2. ③

독해2 확인 학습

1. ①   2. ③   3. ②

연습 문제

1. ⑴ ②   ⑵ ②

듣기 내용

我跟王明一起去饭馆。我想吃麻辣烫，王
明不想吃麻辣烫，他想吃麻辣香锅。我们都想
喝燕京啤酒。我们点了一份麻辣香锅和一瓶燕
京啤酒。一份麻辣香锅38元，一瓶燕京啤酒
10元。我觉得麻辣香锅有点儿辣。吃麻辣香
锅后，我们吃了点儿水果。

2. ⑴ ✕   ⑵ ✕   ⑶ ◯

듣기 내용

⑴ A: 你要学瑜伽吗？
   B: 我要学游泳，不想学瑜伽。
⑵ A: 那件大衣多少钱？
   B: 那件大衣914块。
⑶ A: 这儿可以刷卡吗？
   B: 这儿不能刷卡。

3. ⑴ 这儿不能抽烟。
   ⑵ 我有点儿饿。

4. ⑴ 一瓶燕京啤酒10元/10块(钱)。
   ⑵ 我要喝燕京啤酒，不想喝红酒。
   ⑶ 这儿可以游泳吗？
   ⑷ 我有点儿累。
   ⑸ 你多买(一)点儿吧。

5. ⑴ 一斤苹果十块。
   ⑵ 我要买苹果，不想买葡萄。 /
   我要买葡萄，不想买苹果。
   ⑶ 这儿可以看书吗？
   ⑷ 我有点儿害怕。
   ⑸ 你多穿一点儿吧。

제12과

독해1 확인 학습

1. ③   2. ③

독해 2 확인 학습

1. ②   2. ①   3. ③

연습 문제

1. (1) ②   (2) ①

듣기 내용

　　这是金允瑞的房间。她的桌子在床和书架中间。桌子上边有一台笔记本电脑，书架上边有很多书。椅子在桌子前边，椅子上边是金允瑞的大衣。书架右边是一台冰箱，冰箱里有几瓶水。冰箱对面是一台电视。

2. (1) ✕   (2) ○   (3) ✕

듣기 내용

(1) A: 请问，去电影院怎么走?
　　B: 电影院在公园后边。

(2) A: 便利店在哪儿?
　　B: 便利店在宿舍西边。

(3) A: 我们今天做什么?
　　B: 我们先去看电影，然后去喝咖啡吧。

3. (1) 去西单站怎么走? / 西单站在哪儿?
　 (2) 你觉得那部电影怎么样?

4. (1) 请问，去书店怎么走?
　 (2) 食堂在图书馆东边。
　 (3) 冰箱对面有一台电视。
　 (4) 公园旁边是中国银行。
　 (5) 我们先去电影院，然后去意大利餐厅吧。

5. (1) 请问，去便利店怎么走?
　 (2) 电影院在咖啡厅后边。
　 (3) 图书馆里边有一台自动取款机。
　 (4) 椅子上边是哥哥的大衣。
　 (5) 我们先吃饭，然后喝咖啡吧。 /
　　 我们先喝咖啡，然后吃饭吧。

제13과

독해1 확인 학습

1. ③   2. ③

독해 2 확인 학습

1. ③   2. ①   3. ②

연습 문제

1. (1) ①   (2) ③

듣기 내용

　　今天听刘老师说，学校附近有一个游泳馆。游泳馆离留学生宿舍不太远，从留学生宿舍一直往南走就到了。我一直想学游泳，我想跟胡安一起学游泳，我给他发微信:"我们一起学游泳，怎么样?"他也想学游泳。我们从明天开始学游泳。

2. (1) ○   (2) ✕   (3) ✕

듣기 내용

(1) A: 你从早上八点到十点上什么课?
　　B: 我从早上八点到十点上口语课。

(2) A: 你家离便利店远吗?
　　B: 我家离便利店不太远。

(3) A: 去公交车站怎么走?
　　B: 从学校北门一直往西走就到公交车站了。

3. (1) 我从早上八点到十点上英语课。
　 (2) 山上的风景怎么样?

4. (1) 我从早上八点到十点上听力课。
　 (2) 我从留学生宿舍出发。
　 (3) 从学校南门一直往东走就到游泳馆了。
　 (4) 我家离学校非常近。
　 (5) 我现在给她做饭。

5. (1) 我从早上八点到十点上精读课。
　 (2) 我从地铁站出发。
　 (3) 从学校北门往南走就到了。
　 (4) 我家离书店很近。
　 (5) 我现在给她发快递。

제14과

단어 확인 학습

제8과

1. 今年	2. 兄弟
3. 公司	4. 岁
5. 说	

6. duō	7. Běijīng
8. gāozhōngshēng	9. yīyuàn
10. Zhōngwén	

11. 수 몇 10 미만의 적은 수를 물음
12. 명 해, 년
13. 명 은행
14. 부 전부, 모두
15. 명 나이, 연령

제9과

1. 喜欢	2. 或者
3. 便利店	4. 附近
5. 电影院	

6. chángcháng	7. hē
8. háishi	9. zhōumò
10. měitiān	

11. 동 돌아가다
12. 동 빌리다, 빌려주다
13. 명 오후
14. 부 대단히, 매우
15. 명 생활

제10과

1. 点	2. 星期
3. 多少	4. 分钟
5. 跟	

6. zuótiān	7. yǐhòu
8. háizi	9. yìqǐ
10. dìtiě	

11. 양 분 시간 단위
12. 명 월, 달
13. 명 일, 날짜, 번호, 사이즈
14. 동 살다, 거주하다
15. 동 타다, 앉다

제11과

1. 钱	2. 想
3. 要	4. 舒服

5. 穿	

6. kěyǐ	7. lèi
8. yǒudiǎnr	9. yìdiǎnr
10. juéde	

11. 양 위안 화폐 단위
12. 동 맛보다
13. 동 팔다
14. 명 과일
15. 형 배고프다

제12과

1. 前边	2. 后边
3. 中间	4. 商店
5. 公园	

6. duìmiàn	7. pángbiān
8. zěnmeyàng	9. dìtiězhàn
10. jiàgé	

11. 명 북쪽
12. 명 왼쪽
13. 명 오른쪽
14. 접 그러한 후에, 그리고 나서
15. 접 그런데, 그러나

제13과

1. 口语	2. 离
3. 近	4. 睡觉
5. 开始	

6. chūfā	7. yìzhí
8. wǎng	9. mǎnyì
10. cóng	

11. 명 강독
12. 동 보내다
13. 전 ~에게
14. 접 만일, 만약
15. 명 정도, 내외

문장 확인 학습

제8과

- Wǒ bàba zài dàxué gōngzuò.
  우리 아빠는 대학에서 일하십니다.

- Tā shì màoyì gōngsī de zhíyuán.
  그녀는 무역회사 직원입니다.

- Zhè shì wǒ de shǒujī.
  이것은 내 휴대폰입니다.

- 你家有几口人？
  너네 집은 식구가 몇 명 있니?

- 你今年多大？
  너는 올해 몇 살이니?

- 你在哪儿工作？
  너는 어디에서 일하니? (너는 직업이 뭐니?)

제9과

- Nǐ hē kāfēi háishi chá?
  너는 커피를 마시니 아니면 차를 마시니?

- Wǒ zǎoshang chī bāozi huòzhě jiǎozi.
  나는 아침에 찐빵이나 만두를 먹어.

- Tāmen dōu xǐhuan chī Zhōngguócài.
  그들은 모두 중국 음식 먹는 것을 좋아합니다.

- 他常常去王明那儿吃中国菜。
  그는 자주 왕밍네로 중국 음식을 먹으러 갑니다.

- 他下午去图书馆。
  그는 오후에 도서관에 갑니다.

- 你喜欢看什么？
  너는 뭐 보는 것을 좋아하니?

제10과

- Xiànzài bú shì wǎnshang bā diǎn.
  지금은 저녁 8시가 아닙니다.

- Nǐmen bān yǒu duōshao (ge) xuésheng?
  너희 반에는 학생이 몇 명 있니?

- Wǒ gēn Lǐ Lì yìqǐ chīfàn.
  나는 리리와 함께 밥을 먹습니다.

- 今天几月几号星期几？
  오늘은 몇 월 며칠, 무슨 요일입니까?

- 老师从早上八点到下午五点工作。
  선생님은 아침 8시부터 오후 5시까지 근무합니다.

- 他是北京人吗？
  그는 베이징 사람입니까?

제11과

- Wǒ yǒudiǎnr bù shūfu.
  나 몸 상태가 좀 안 좋아.

- Nǐ duō chī (yì)diǎnr ba.
  너 좀 더 먹어라.

- Wǒmen yìqǐ chī fàn ba.
  우리 같이 밥 먹자.

- 麻辣香锅多少钱一份？
  마라샹궈 1인분은 얼마입니까?

- 我想买点儿水果。
  나는 과일을 좀 사고 싶습니다.

- 你要喝咖啡吗？
  너 커피 마시고 싶니?

제12과

- Xuéxiào duìmiàn shì Zhōngguó Yínháng.
  학교 맞은편에 중국은행이 있습니다.

- Wǒmen xiān zuò gōngjiāochē, ránhòu zài
  Xīdānzhàn zuò dìtiě ba.
  우리 먼저 버스를 타고, 그 다음에 시단역에서 전철을
  타자.

- Wǒmen jīntiān xiàwǔ qù túshūguǎn,
  zěnmeyàng?
  우리 오늘 오후에 도서관 가자. 어때?

- 请问，去书店怎么走？
  말씀 좀 여쭙겠습니다. 서점에 어떻게 가나요?

- 便利店在宿舍西边。
  편의점은 기숙사 서쪽에 있습니다.

- 冰箱对面有一台电视。
  냉장고 맞은편에 TV가 1대 있습니다.

제13과

- Wǒ jiā lí dìtiězhàn hěn yuǎn.
  우리집은 지하철역에서 멉니다.

- Wǒ xiànzài gěi tā fā Wēixìn.
  나는 지금 그녀에게 위챗을 보내.

- Rúguǒ nǐ qù de huà, wǒmen yě qù.
  만약 네가 간다면, 우리도 갈게.

- 你从早上八点到十点上什么课？
  너는 아침 8시부터 10시까지 무슨 수업을 하니?

- 精读课从八点开始。
  강독 수업은 8시부터 시작합니다.

- 往东边走。
  동쪽으로 가세요.

제8과

① 一共	② 工作
③ 兄弟姐妹	④ 多大
⑤ 什么	⑥ 年纪

제9과

① 还是	② 喜欢
③ 每天下午	④ 那儿
⑤ 或者	⑥ 生活

제10과

① 男孩儿	② 多少
③ 不是	④ 岁
⑤ 坐	⑥ 起床

제11과

① 想	② 有点儿
③ 尝	④ 一点儿
⑤ 水果店	⑥ 不能

제12과

① 是	② 在
③ 怎么样	④ 怎么
⑤ 太	⑥ 上边

제13과

① 给	② 从
③ 如果	④ 离
⑤ 往	⑥ 左右